日本を救う数式

柳谷晃〔著〕

弘文堂

まえがき

数学の本を見ると、定理がたくさん書いてあります。定理の中身は仮定から結論を導き出します。このときに、定理をどこで考えているのかも大切です。自然数の中で考えているのか、分数も使ってかまわないのか、そういうことも考えるわけです。

しかし、経済では「景気が良ければインフレになっている」と言うときに、どんなときならばこの文章が正しいのかという仮定がなくて、絶対の真理みたいに使われている感じがします。そんな疑問から、この本をまとめてみました。

漢の武帝（紀元前141～87年）は、貧困を心配するより社会の不平等をなくすようにしないといけないと言っています。武帝はいくさに秀でた武将で、漢の版図を大きく広げました。その代わり戦争も多い時代でした。こういうときに社会に不平等があると、必ず乱が起こり、国が乱れます。武帝はそのことをよく知っていたようです。このころすでに『九章算術』という数学の教科書ができていて、官僚はこの本で計数の勉強をしました。この本の中に「均輸」という章があります。ここで扱われているのは、税金の輸送費を考慮して税金を平等にする計算です。中国は広いので、税金となる穀物を納める場所まで運ぶのにお金が掛かります。それで、その輸送費を考慮して、税金を平等にする計算問題が載っています。武帝は税金の平等を保つために、均輸官という官僚も作りました。強大な権力を持っている漢の武帝でさえ、平等ということを大切に考えました。それを実行するためには、数学の教科書が必要だったということです。

現在の社会では、内部留保、ＲＯＥ、しょっちゅう繰り返す小バブルの発生と崩壊、どれも社会平等を奪ってしまう原因になっています。富の分配が完全に平等に行われることはありません。しかし、人の心の不安を増幅するレベルでの不平等が起こると、社会を壊します。

たとえば、労働人口が減っているのに、自宅介護を基本に考えたいなどと、介護をしたこともない人たちが言っています。その余裕のある方がいったいどのくらいいるでしょうか。不平等を緩和するために、そして経済を再生するためにも、福祉を大切にするのは、とても重要なことなのです。なぜなら、経済に活力を取り戻すためには、安心してお金を使える必要があります。未来のこと、老後のことを心配していてはお金を使えません。もちろん必要以上の福祉政策は勤労意欲を削ぎます。しかし、日本の少子化は速度が速く、資本主義社会が成熟すると人口減少が起こるという予測がそのまま当たっています。まだまだ、福祉政策と年金政策に不安がありすぎます。この問題の解決のために数学が果たす役割があるような気がします。

富の分配を円滑にするために、数学は紀元前から経済に使われていました。思ったより経済と数学は昔から関連が深かったことがわかります。インド・アラビア数字ができなければ、帳簿の整備もできなかったのです。

でも、この本の目的は数学がわかることではありません。数学ができなくても立派な方たちはたくさんいます。いちばんいけないのは、なにやら難しい計算や理屈に納得したような気持ちになってしまって、「なにかおかしい」と思っても口に出せなくなってしまうことです。「おかしい」と思ったことは自分で考えてみなければいけません。それを口に出して言うことも大切です。でも、それはむずかしいことです。人間がいかに愚かなことを繰り返してきたか。この本ではそのことをお話ししたいと思います。

２０１６年１月

柳谷　晃

日本を救う数式●目次

第2章

グローバル化にメリットはあるのか

第3章

GDPの数字マジックに頼ってはいけない

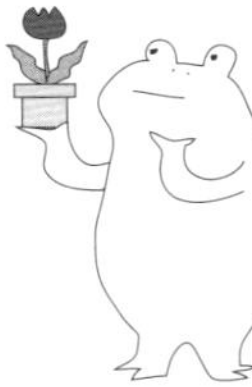

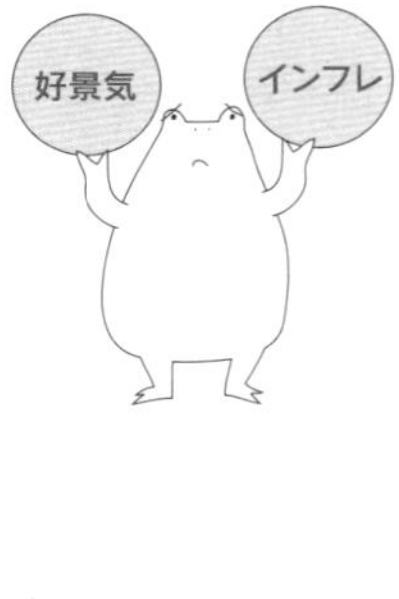

好景気
インフレ

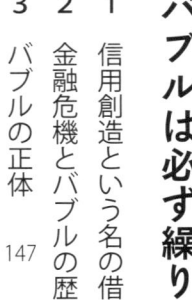

第1章

成長前提の政策がありえない理由

1 経済成長よ、もう一度

私が生まれた1953年には、親の話だとまだ闇屋があったそうです。吉田茂首相が「バカヤロー」といって衆議院が解散しました。スターリンが亡くなって、朝鮮戦争の停戦合意などがありました。

このころに閣議決定されたのが、所得倍増計画です。1960年の池田内閣のときのことです。所得倍増計画とともに有名だったのが、小学生でも知っていた「貧乏人は麦を食え」です。池田首相が第三次吉田内閣の大蔵大臣を務めたときの予算委員会における発言の報道でした。しかし、池田大蔵大臣は、実際にはこうは言っていません。吉田内閣に批判的だった新聞報道が作った言葉です。この新聞報道がいいか悪いかは別として、当時の新聞報道は1つの力の言いなりにはなっていなかったことはわかります。

この所得倍増計画ですが、中身は国民総生産を10年で倍増するという計画でした。戦後の復興のための経済計画は、基本的には戦時中に作られたものと同じです。終戦以前にも重化学工業を発展させようという計画がありました。

この体制は終戦を迎えても変わることなく、日本の経済政策になり、経済成長を推し進める上で重要な役割を果たしました。そして、国民所得倍増計画では、農業と工業、大企業と中小企業との差をなくすことが目的としてありました。そのため、中小企業と農業の優遇などが行われていきます。これによって賃金格差の是正を行い、中間層が作られていきました。この政策がもととなって、やがて1億層中流といわれる時代を迎えることになります。白黒テレビ、冷蔵庫、洗濯機が三種の神器と呼ばれるようになったのもこの1950年代後半です。

労使関係もおおむね順調で、労働組合は会社の立場を尊重し、経営者も消費者となる労働者の重要性を理解していたと考えられます。業績が良くなれば、給与が上がっていたのです。その購買力で、テレビが買えたら次は冷蔵庫、そして洗濯機というように家電が売れていきます。高度成長期と呼ばれる期間のGDPに含まれる輸出額は15%ほどにすぎません。日本は内需の国であり、それはつまり日本国民が日本の生産物を買っていたことになります。これが本来の意味の内需です。

この高度成長期くらいから、経済成長があってあたりまえ、ないといけないような雰囲気になってきます。経済学者の武田晴人氏によると、経済成長という言葉が使われるようになったのは、ここ60年くらいということです。

「財政投融資により経済が立ち直る」これを信じている人たちもいます。高度経済成長期には財政投融資も積極的に行われていました。しかし、それで企業の業績が良くなっても、利益を給与に還元するという経営者の考えがないと、給与は上がりません。摩擦がなかったわけではありませんが、労使関係が協調性を持っていたことが、日本の経済を順調に発展させる原因になったと思います。もちろん、日本を取り巻く状況も日本製品が売れる状態を作ってくれていたという要因が大きいのです。

第二次世界大戦の前、１９２９年10月24日木曜日にニューヨーク証券取引所で大暴落がおきます。世界を巻き込む大不況の始まりです。この日を「暗黒の木曜日」と呼びます。

合衆国大統領フランクリン・ルーズベルトはケインズの財政投融資の理論によって、恐慌に陥ったアメリカ経済を立て直します。教科書に書かれている、この有名なお話は、ケインズの提案した財政政策をルーズベルトが「ニューディール」として実行したというものですが、ルーズベルトはこの話を否定していたようです。彼は政府の支出は収入の中で行うという均衡財政主義者でしたので、赤字財政は好みませんでした。ルーズベルトとケインズは、１９３４年に一度だけ会ったきりです。しかもニューディールが実施されたあとでも失業率は2桁で、これが改善されるのは戦時経済体制になってからでした。

このことからもわかるように、財政投融資だけでは、悪くなった経済状況を立て直すのは難しいのです。日本の高度成長期の成功は財政投融資だけで成功したわけではなく、給与を上げる、需要が高くなる、人口が増加するなどの諸条件が一致したから成功したのでしょう。そして、働く人にも戦争の焼け野原から復興しようという強い気持ちがあったのでしょう。それが国民全体をまとめる1つの意志になったのです。

ですから、「あの夢をもう一度」は不可能なことです。アメリカでも、オバマ大統領に「ニューディールをもう一度」と求める声があったようです。これも無理な話です。数学で考えてみてもわかります。資本主義が成長し続けるには、無限の世界が必要です。2％の経済成長率でも、毎年1・02倍になっていきます。これは複利の計算を考えてみるとわかるように、1より大きな数を何度もかけることになって、無限大に発散してしまいます。

そうはいっても、経済が縮小するのはさみしい気がします。しかし、人口が減れば経済が縮小していくのは当たり前です。量より質の時代が来たと考えなければいけないのではないでしょうか。では、経済規模が小さくなっても、人が幸せを感じられるためにはどうすればよいのでしょう。昔の経験から現代までを振り返って探ってみましょう。

2
帳簿を見るのは命がけ

横浜の中華街には、三国志で有名な関羽《かんう》（生年不詳～２２０年）をお祀りしている関帝廟《かんていびょう》があります。関羽さんは商売の神様だそうです。将軍として有名な関羽がなぜ商売の神様なのでしょうか。それは、中国で最初に簿記を作って、皆に教えた人だからだそうです。関羽の簿記は、現代で言う複式簿記だったそうです。金銭の出入りを記録する帳簿はとても大切なものです。家計のやりくりから国の経営まで、帳簿を管理しないと物の循環が滞ります。関羽さんはさすがです。国も民も簿記で助けたことになります。

帳簿や簿記の歴史は古いのです。古代バビロニア文明などの古代文明でも、税金の帳簿を付けています。税金といっても穀物ですが。国の経営、財政管理に欠かせないものです。この節では帳簿と簿記のことをお話ししましょう。数学もとても関わりの深いところです。

すでに古代ギリシャでは、国家が会計や監査を行っています。これをしようとするだけで、そこに監査に対する倫理が生まれてきます。

アテネでは国庫は神聖なものとされ、デロス島で監督官が厳重に管理しました。デロス島はギリシャの聖地です。ギリシャ神話では、アポロンとアルテミスはこの島で生まれたことになっています。アポロンの神殿とアルテミスの神殿があります。この聖地に国庫を作って厳重に管理していたのです。この際、監査人はなるべく奴隷にやらせようとしていました。疑わしいときに拷問にかけることができるからです。ということは、古くから会計には不正と虚偽と腐敗がはびこっていたということです。

ただし、不正があったとしても、建前では会計処理は緻密なものでした。官僚が作った会計報告は民主制に則り、すべて監査対象になりました。中国古代の秦や漢ですら、税金から贈答品に至るまで、会計報告が義務付けられていたのです。アテネ市民は、都市国家ポリスに対する債務を清算してからでないと、ポリス外には出られませんでしたし、遺産のための遺言状も作成できない取り決めでした。

しかし、せっかく優れたシステムを作っておきながら、会計報告に対する尊敬の気持ちが社会全体に浸透しなかったので、帳簿と会計はあまり機能しなかったのです。会計報告についての理解をしないで、むしろ不正が容認されるような状態でした。これでは、ポリス自体の発展は頭打ちになってしまいます。

ギリシャの次の古代ローマでは、オイコノミクスという言葉があります。オイコノミクスは、今使っている経済学＝エコノミクスの語源となった言葉です。オイコノミクスは国家財政と家計についての考え方を表す言葉です。ローマでは会計の理解がギリシャに比べて定着しました。それでも国家財政の会計はかなりずさんなものでした。ギリシャ同様、ローマも不正が絶えなかったようです。政治家で哲学者として有名なキケロが、マルクス・アントニウスに対する弾劾演説で、いかがわしい金融取引や、巨額な負債について指摘しているのは有名な話です。アントニウスといえばカエサルの親友のはずで、カエサルからイタリアの政治を任されていたにも関わらず、このていたらくでした。キケロの指弾はかなり厳しく、書類の署名、偽造までもが盛り込まれていました。しかし、アントニウスは有罪になりませんでした。それどころか彼は順調に出世して、世界史で習ったように第二回三頭政治の一角を占めました。権力を掌握すると、アントニウスは暗殺者を飛ばしてキケロを暗殺します。会計報告の公開を権力者に迫るのは、昔は命がけだったようです。今でも大変です。情報公開法を使ってみても、いろいろ言い逃れが可能ですから。

そのアントニウスもクレオパトラとの恋愛でローマ人の反感を買い、最終的にはオクタビアヌスに倒されます。なにかローマの歴史のようになってきましたが、会計は人の歴史とともにあります。数学も同じです。それを普段は感じないだけです。それが、会計やお金に対する感覚の麻痺を起こして、気が付いたときには経済が重い病気になっていたりするわけです。オクタビアヌスは混迷していたローマを立て直し、元首制を始めます。その際、「皇帝の帳簿」といわれる会計記録も整備します。さすがに優れた人は違うということでしょう。この帳簿もたいへん優れたものでした。政治家で歴史家のタキトゥスによれば、この帳簿をオクタビアヌス自身が管理したようです。彼が始めた会計担当の官庁は、少なくとも最後のキリスト教徒弾圧で有名なディオクレティアヌス帝の時代までは機能したようです。

それでも構造的欠陥はなお多かったのです。これは、会計の役割で大切な部分に当時の人がほとんど関心を持たなかったからだと思います。会計の大切な役割の1つに、数字から利益を把握して、将来の収益を予想するということがあります。こういったことに、ローマ時代の人がほとんど関心を持たなかったのです。そのため、現在のような複式簿記が発達しませんでした。ローマ帝国は地中海の覇者ですが、貿易実務の理論や制度は未発達でした。借入れも質屋のような形を取っていました。信用の文化はまだなかったのです。富に対する概念も金銀財宝に止まったようで、投資して利益を生む資本という考え方も未熟だったようです。

しかも、このような帳簿と会計が、やはり社会的に一定の敬意をもって受け入れられていなかったのでした。その結果、会計も監査も不正の余地がまだ大きく、組織的に不正がされている有様でした。特に有力者が関わっているときは、その程度もひどかったようです。

こうした情況は中世になっても変化していません。イギリスのエドワード３世（１３１２～１３７７年）などは、王国は神に対してのみ会計を報告すると宣言しました。エドワード３世はイギリスの羊毛産業の振興をするなど、若いときには優れた政治手腕を発揮した人です。それでもこんなことを言っていたのです。西欧の君主たちはこの宣言を19世紀までよりどころとしていました。会計帳簿は君たちには見せない。神様だけにご覧に入れるというわけです。敬虔どころか罰当たりの感じさえします。

さらにローマ数字の限界というものがありました。たとえどれほど熟達した会計官がいたとしても、901をXCIと書いたりするローマ数字が大量に出てくる帳簿を正確に把握するのは困難だったでしょう。当時はまだアラビア数字がヨーロッパに普及していません。分数や小数も使用できなかったのですから、正確に表記するのは夢のまた夢だったわけです。経済が発展しても、それを正確に把握するためにはアラビア数字の普及が不可欠であったのです。

その現状を打破したのが１３００年頃におけるフィレンツェ、ジェノヴァ、ヴェネツィアに代表される北イタリアの商業都市でした。統治をするときにアラビア数字が使用されました。これがアラビア数字を普及させ、読みやすく正確な帳簿の記載に大きく貢献しました。

3 未来を見通す会計の力

アラビア数字の普及にはとても大切な人がいます。フィボナッチです。フィボナッチ数列という言葉をお聞きになったことがある方もいらっしゃるかと思います。

1、1、2、3、5、8、13、21、34、55、……

という、前の2つの数字を足すと次の数字が出てくる数列をフィボナッチ数列と呼びます。花びらの数や葉の付き方など、自然界によく出てくる数列です。

フィボナッチの本名はピサのレオナルド（１１７０～１２５０年）です。中世の有名なイタリア人数学者です。この人は貿易商を始めようとしていた父親の助けになろうと、現在のアルジェリアに行きました。アルジェリアは当時イスラム帝国だったので、そこでアラビア数字を学んだようです。その後、神聖ローマ皇帝フリードリッヒ2世（１１９４～１２５０年）の宮廷に招かれました。フリードリッヒ2世のシチリア王在位期間に、ピサのレオナルドはアラビア数字の普及に尽力します。各都市でその使い方を講演していたようです。そのおかげで、商人も職人も数字を使えるようになる人が多くなっていきました。帳簿を付ける手法も、使いやすい文字を使うことで進歩をしました。数学も使う文字や記号で進歩する面があります。

一方、貿易が発達してより多くの資本が必要となりました。そこで、共同出資方式が考案されます。そうなると、帳簿は利益配分のために正確さが求められたのです。出資する人たちの国が異なると、会計方法も異なります。国同士で会計を統一する必要が出てきます。

フィレンツェのメディチ家の興亡も会計の発達と無縁ではありません。メディチ家当主コジモ・デ・メディチ（1389～1439年）の時代からメディチ家の繁栄が始まります。それは彼が複式簿記で会計実務を行うことができたからです。そのため会計に対して理解が深く、各支店の帳簿を通じて正確にお金の動きを把握できました。こうして順調に発展すると思えた会計ですが、転機が訪れます。その原因がルネサンスです。ルネサンスの時代には、新プラトン主義という思想が重んじられるようになります。コジモ・メディチもそれを援助しました。ところがこの思想は、商人の現実的、実務的価値観を軽蔑するようになったのです。会計自体も下品で不道徳な習慣とみなされるようになりました。ルネサンスの哲学者ピコ・デラ・ミランドラは「聖なる数字と商人の算術を混同してはいけない」などと言っていました。ピコ・デラ・

ミランドラは「人間の尊厳について」という著作でも有名です。彼はコジモの孫ロレンツオの世代です。ロレンツオ・メディチは、祖父コジモたち銀行家がその実務的能力によって、フィレンツェに栄光をもたらした歴史は知りません。祖父のコジモも、なぜか息子たちに会計実務を教えなかったのです。こうして新プラトン主義は会計文化と対立し始めました。

メディチ家当主ロレンツオは、ピコ・デラ・ミランドラのような教養に浸かってしまいました。現在の観光都市フィレンツェをつくったのはロレンツオです。彼は豪華王といわれたりします。ボッティチェリ、ヴェロッキオ、ヴァザーリ、ダヴィンチ、ミケランジェロらと親交があり、自分も詩人でした。オスマントルコとも交易しました。一族から教皇をだすため、教皇庁を買収し、全ヨーロッパに強力な影響力を持ったのです。しかし、彼の会計実務はお粗末なものでした。だからこそ、とてつもない無駄遣いができたわけです。しかし、会計をないがしろにする人は未来から復讐されます。会計は予測をするための大切な手段だからです。

実務ができない彼は、銀行経営、支店の監督ができなかったのです。資金繰りのためにフィレンツェ共和国の財源を横領しさえしました。アダム・スミスが、政府は会計を専門家に委ねねばならないと結論付ける理由は、ここに端を発します。さらに支店が野放図に外国君主にお金を貸して焦げ付きます。グローバル化が裏目に出ました。もっともこの時代は、グローバル化といってもヨーロッパという狭い範囲にすぎませんが。帳簿上の決算は利益を出していることなっていたのです。粉飾決算ですね。いつの時代も同じです。本当に人間は進歩しません。コジモ・メディチなら見抜けたかもわかりませんが、コジモ亡き後はメディチ家の誰にも粉飾決算を見破ることはできなかったのです。アダム・スミスが言っているように、「個人的な栄光を健全な事業運営より優先する貴族は、良き銀行家にはなれない」ようです。1492年にロレンツォ・メディチが死ぬと、2年後にメディチ家はフィレンツェから追放の憂き目に遭います。

会計と帳簿を大切にしなくなったメディチ家が追い出された年は、会計史にとって大きな意味を持つことになります。この年は世界初の複式簿記の教科書『スムマ』が、数学者で修道僧のルカ・パチョーリ（1445〜1517年）によって発行された年です。この人が複式簿記を作ったわけではありません。数学的に体系化して出版したのです。『スムマ』は確率に関する最初の学術的記述がある本としても価値があります。帳簿の表紙には、「神の前に偽りを為さず」と書くそうです。現代の経営者がどのくらい会計を勉強しているのか疑わしいですが、少なくともこの言葉だけは覚えておいて欲しいところです。ルカ・パチョーリはレオナルド・ダ・ヴィンチに数学を教えたともいわれています。2人で立体幾何学の研究もしていました。水道橋の大原簿記学校にはこの方の像があります。

この1492年はイタリア戦争が勃発した年でもあります。イタリアが衰退し、スペインとポルトガルの時代になっていく転換点です。そのスペインとポルトガルも、会計については先人と同じ轍を踏んでいるようです。ポルトガルもハプスブルク家が王位継承しますから、同じ家系です。スペインで帳簿や会計をどうしていたかを考えてみましょう。

神聖ローマ皇帝カール5世（1500〜1558年、スペイン王としてはカルロス1世）はイタリア戦争でフランスを破りました。彼はスペインとハプスブルク帝国の支配者でしたし、アメリカを植民地としました。さらに、ナポリ王国を通してイタリア全土に影響力を発揮し、まさに「太陽の沈まぬ帝国」を支配していました。もともとヨーロッパの王様はほとんどが血縁なのですが、ハプスブルク家は特に力を持っていました。

カール5世はベルギー生まれです。当時のオランダ、ベルギーは国際貿易の中心地として大発展を遂げていました。スペイン王国の税収の約40%をまかなっていたといわれます。これだけの富の動きを目の当たりにしても、カール5世は会計に注意が向きません。世界各地にある領地管理と、そこで行われている貿易の帳簿管理は膨大な維持費と人材を必要とします。組織が大きくなってから作ろうとすると、組織作りは大変です。小さいときから順番に組織を作っていかないと、突然管理費がかさむことになります。これから管理費が大きくなりますよということも、会計を大切にしていたらわかったことなのです。すなわち会計は、全部ではありませんが、未来の姿も見せてくれます。ただし、そのためには、目も耳も良くないといけませんが。

例によって書類上は会計も監査もしっかりなされていました。しかし、カール5世や大臣たちは、帳簿の実態を見破る能力がないどころか、関心もなかったのです。彼らにとっての興味は、そこに実際使用するに足る充分な現金があるかどうかだけだったのです。債務に見合う収入があればいいというどんぶり勘定は、なにもカール5世だけではなく、ヨーロッパの君主すべてにあてはまると言えるでしょう。カール5世は平均すると収入の約7割ものお金を外国銀行への利払いに当てていました。7割が元金の支払ではなく、利払いに使われていたのです。

カール5世を継いだフェリペ2世は史上初の官僚的支配者とも呼ばれています。しかし、この人も会計をやろうとする意欲はありませんでした。しかも書類王とまでいわれたフェリペ2世の見るべき書類は、年間10万通を超えたそうです。目を行き届かせることはまず不可能な数でした。フェリペ2世の治世の末期、トレグロサという複式簿記の理解できる財務長官を任用して、財政改革を行おうとしました。そのためには、彼にすべての書類を提出しなければなりません。そこでお決まりの抵抗勢力、それも強力な抵抗勢力を生むことになりました。もたもたしているうちに、オランダ独立戦争が起こります。スペインの税収の40%をまかなうオランダに独立されては、カール5世の治世ならばスペインは銀行利子も払えません。オランダを支援するイギリスを攻撃しようと、アルマダの海戦で戦い、これに大敗北してしまいます。こうして、スペインの力は消えていきました。セルバンテスの小説『ドン・キホーテ』には、その後のスペインの貧しさがこれでもかとばかりに描かれています。

スペインの没落は世界に覇を唱えた時点で、本来の実力を認識することができなかったからでしょう。いくら世界中にスペインの植民地があるとしても、投資に対する果実が伴わないと、いつかはその大きさゆえにはじけます。まさしくバブルのようにです。国の現実を見るためには、会計すなわち収支決算を調べなければなりません。企業が財務諸表を作るように、国にも公会計が必要なのです。スペインが失敗したときには、複式簿記も会計技術もありました。しかし、あるだけではだめなのです。社会全体が文化として会計を尊ぶ、そういった気風がなければうまくいきはしないのです。ルカ・パチョーリの言葉が響きます。

日本でも、商売上手といわれた近江の人は独自の簿記を作っていました。戦国武将も会計を見られない人は大成しません。織田信長の上洛してからの行動を見ると、京都と安土城を行ったり来たりしています。帳簿を確認するために自分の領地に戻っていたのではないかと考えられます。国を経営しようとする人は、国家予算の使い方を正確に把握する必要性を認識していなければなりません。他人の国を攻めるだけでは、国は大きくならないし安定もしません。

もともと帳簿と経済発展、成長には密接な関係があります。それをおろそかにすると、適切な発展速度、適切な利益を忘れ、未来が見えなくなり、はじけ散るだけになります。

会計は人間が持つ数少ない、未来を見る小さな力です。

4 帳簿あっての経済成長

会計文化を大切にしておかないと、必要になったときに急に作ろうとしても無理なのです。スペインのように国が大きくなってから作ろうとしても失敗します。利権も大きくなると、必ず正確な会計を隠そうとする勢力が出てきます。それを押さえて、今までなかった会計システムを取り入れるのは大変です。スペインの税収の40％を稼ぎ出していたオランダは、スペインから独立します。そして、オランダは会計文化を創り上げていきます。ルカ・パチョーリの『スムマ』にもとづいて、帳簿を作っていく政策を強力に推し進めていきます。

これには、とても大切な出会いがあります。オランダ初代国王オラニエ公ウィレム１世（１５３３～１５８４年）の跡継ぎマウリッツはライデン大学の学生だったとき、大学教授で数学者のステヴィンと運命的出会いをします。ステヴィンは重い物と軽い物を落としても同時に落ちるという実験を、ガリレオより前にした人です。また、音階についての数学的な理論の研究もしています。ステヴィンは数学を統治に活用することを夢見て、『数学の伝統』を書いています。この中に「皇子のための会計」という節があります。これは貸借対照表や損益計算書の原型を説明しているので、簿記の歴史上きわめて重要な著作と考えられています。ステヴィンは統治者に会計の知識が不可欠であることを説いて回ります。政府が赤字なのに役人は裕福なのはなぜかと議論を展開し、反対派を退けていきました。現在における悲劇は、政府が雇っている官僚よりも商人の方が政府をうまく経営できることだと見抜いていたのでした。国家の運営にはルカ・パチョーリの会計技術が必要で、それが国家の繁栄に繋がることをよく理解したマウリッツは、全面的にステヴィンの方針を採用します。こうしてオランダは黄金時代を迎えます。

オランダ東インド会社の取り扱い量はイギリス東インド会社のほぼ2倍もあり、投下資本は10倍にもなって膨大な利益をあげていました。日本から中国、東南アジア、インド、ペルシアにいたるまで国際的に取引されるアジア商品の相場はオランダ東インド会社が事実上決めていたのです。オランダで会計文化が尊重されて、それが社会的な共通の理解として大切にされた理由はステヴィンとマウリッツの出会いだけではないようです。お話としては感動的ですが、それだけでは会計文化を受け入れるのには弱いでしょう。それまでの為政者は、会計文化を入れようとしても、失敗するし、自分も不自由になるので、最後は敬遠してしまったりしていました。

オランダには会計文化を受け入れる下地がありました。オランダは低地で、いつでも水害で苦労してきました。治水は国が栄えるか滅びるかの境目になっていたのです。これが会計文化を受け入れる下地を作ったと考えられるのです。それには次のような理由があります。

オランダには「水害に遭うものが水を止める」という諺があります。それほど堤防の維持管理が重要でした。もちろんそれにはお金がかかります。地方都市は治水のお金をいつでも出せるように余裕の資金を持つ財政運営をしていなければなりません。住民の間では、住んでいる地方都市の会計が健全になっていることが大前提なのです。そうでないと、住んでいる土地がなくなってしまうこともあり得ます。そのため、会計監査は絶対に必要であるとの共通の理解が自然に作られました。会計監査を意味のあるものにするためには、会計の透明性が絶対的な条件です。それで、早くから会計の透明性が実現しました。

それでも、それを維持するのはかなりの努力が必要でした。透明性があると言っても、それがオランダ全体で完璧に実行されていたかというとそうではなかったのです。後にオランダ東インド会社支配人になるフッデ（1628～1704年）の調査では、会社の総資産を管理する書類がなかったといいます。このフッデも数学者と言ってよいでしょう。水利、数学に精通した人物で、その管理システムは今でも有名です。スピノザ、ニュートンとも文通し、ライプニッツとともに微分積分を研究しています。曲線の接線についての研究結果などがあります。

そのフッデが改革を行います。ただ帳簿をつけるのではなく、いつでも価値を意識して帳簿を作ることを考えました。この商売はどのくらいの利益を出せるか、この投資はどのくらいの利子を予想できるか、未来の予想をできるだけ正確に行おうとしたのです。これは現代企業にも通じる問題です。公認会計士がそれをできなくなってきていることが、現在における根本問題なのです。

こうした会計文化が育っているオランダでさえ、チューリップバブルを起こします。景気が上向いて金銭的な余裕があるときに起こるバブルです。第4章で説明しますが、チューリップの球根で大量の小麦やチーズが買えるなんて、帳簿をちゃんと見られる人がすることではありません。バブルはそれだけ人の感覚を麻痺させるので恐いのです。さて、こうして繁栄したオランダですが、英蘭戦争やルイ14世との大陸戦争で国力が削られていきます。戦争をすると国力が減少するのは、今も昔も同じです。たとえ勝ったとしても莫大な費用を使います。新しい土地が手に入っても、順調にそこを経営し、戦費の賠償を得てやっと一息です。それより貿易の利益を考える方が得でしょう。

オランダに代わって繁栄したのは、大陸戦争でオランダにとどめを刺したフランスのルイ14

世でした。彼を支えたのは重商主義で有名なコルベール（1619～1683年）でした。ルイ14世は、オランダの繁栄をうらやむ一方で、オランダの繁栄の原因は何かを冷静に見ていました。そして、その繁栄を支える会計文化に敬意を持っていたのです。ルイ14世はコルベールを財務総監に起用しました。その手腕はアダム・スミスをして「コルベールが歳出歳入、そして財政に秩序と方法論を持ち込んだ」とまで言わしめています。

それ以外にも、ルイ14世の時代にフランスは発展する下地ができていました。会計文化の重要性の認識はもちろん大切ですが、これからの産業の振興には科学がなくてはならないという考え方が普及していました。コルベールもこれをよく認識していたと思います。そして、ルイ14世の莫大な資金援助で科学アカデミーが作られます。このアカデミーを作る母体になったのが、神学者メルセンヌ（1588～1648年）が主催していたサロンでした。メルセンヌ自身も数学の才能のある人で、教会で教えていました。彼は科学者をサロンに集めるだけでなく、ヨーロッパの科学者を手紙で結びました。一人がメルセンヌに手紙を書くと、その結果に興味がありそうな別の科学者に見せてあげたり、送ったりして科学的知識を広げていきました。このなんとなく広がっていたメルセンヌのサロンが、コルベールやルイ14世の科学アカデミー創設の大きな助けになりました。会計文化と新技術という発展の両輪がフランスにあったことになります。

コルベールの会計手腕は抜群です。後ろ盾にはルイ14世もいます。ところが、ここに人間の政治が顔を出してきます。政治は正しいことをするだけではできないのかもしれません。天才的な才能を持ったコルベールにも政敵が生まれます。コルベールは帳簿を精査することにより政敵も抹殺していきました。たしかに帳簿にはすべての痕跡が残ります。まさに「権力とは財布を握っていることである」、です。コルベールはルカ・パチョーリの『スムマ』にもとづく教科書で、ルイ14世に複式簿記を教えました。会社の経営のためではなく財政を教えるためにです。国王が理解したことにより、会計の文化は国王のバックアップで広がっていくことになります。

ルイ14世は頭がいいというより、ある意味天才的なところがあります。会計管理を正確にするということは、国の財政を支えます。しかしながら、それは絶対君主も縛ることになります。頭の良いルイ14世のことですから、そこに気が付かないわけがありません。だんだんルイ14世は会計を脅威と感じるようになります。自らの絶対権力を脅かす存在になるからです。ここが共和制であったオランダと異なるところです。ルイ14世はコルベールの死後、その執務室を閉鎖して、情報をブラックボックスにしてしまいました。そして、より王権の強化を図ることにシフトします。これにより国家としてのフランスの運命もまた決したのです。国家予算の3倍のお金を使ってベルサイユ宮殿を作るなど、会計監査が機能していたらできるわけはありません。

国家予算の3倍、この3倍という数字は私がとても大切だと思っている数字です。たとえば努力を2倍してもそれほどたいした結果を出すことはありません。しかし、3倍の努力をするとかなりの成果があります。ルイ14世は3倍の国家予算でベルサイユ宮殿を作って、フランス革命の原因を作りました。日本は日露戦争で平時の予算より3倍の戦時予算を組んでも足りず、さらにその3倍でも足りなかったという説があります。その後の日本は皆さんがご存じの通りです。

ルイ14世のような優れた君主であっても、君主が個人的栄光や自分の出身家系の栄光を追うと、やはり国家はだめになります。これが専制君主制の欠点です。天才的な君主が産業を発展させて、国を豊かにして国民を幸せにすることはあります。民主主義で国家を強くし、他国を侵略したり植民地を多く作ったりした国も古代からありました。スパルタは周りを侵略する余裕がありませんでしたが、アテネはいろいろちょっかいを出しています。

民主主義の国家でも首相が強い権力を持つことはできます。間違った人気が出ることもあります。民主主義が機能するためには、それをチェックするだけの国民の良識が必要です。選挙民は勉強をして今の状態を知ったうえで選挙に行かなければなりませんが、選挙に行く一般大衆が必ずしも正しい意見を持っているとも限りません。政府の宣伝にだまされていることもありえます。民主主義が必ずしも正しく、良いことをするわけでもありません。それでも専制国家とは違い、国民が首相を変えることができる制度であるということが民主主義の大切なところです。メディチ家を追放したフィレンツェの首相の任期はわずか6ケ月です。すぐに首相が代わるとわかっていれば、会計の不正は不可能です。政権が交代しないと思っている政権は、どうしても会計にずさんなところが出てきます。

「会計を文化としてリスペクトするコンセンサスがなくなると国家が衰退する」ということは真理だと思われます。私が言いたいのは、当たり前といわれていることは疑いましょうということです。それは為政者が言っていることを特に注意しましょうということです。私たちはつい目に見えることだけに目が向きがちですが、真理は巧妙に隠されているかもしれないからです。

さて、いち早く民主主義の制度を作ったイギリスはどうでしょうか。1720年、南海会社が起こした投機バブルに多くの人が巻きこまれ、ニュートン、そしてウォルポール（1676～1745年）までもが損失を被ります。ウォルポールは第一大蔵卿になり、イギリスの実質的な最初の首相といわれる人で、自身もこの南海バブルの後始末に奔走しました。政権復帰したウォルポールもまたルイ14世同様、自らの権力を国家財政の秘密主義によって強くしようとしていました。誰でも考えることは同じです。会計の透明性は恐いし、自由にお金を使えないと窮屈なのです。専制君主も民主主義のトップも同じです。18世紀のイギリスでも会計は重宝に使いましたが、同時に疎ましいものでもあったのです。

しかし時がたつにつれ、イギリスの中等教育を担うグラマースクールでは会計が講じられ、エリート僧にも必須の技術とされました。やがてオランダ以上にその文化が普及していったのです。イギリスで産業革命が起こったのも、会計を大切にする文化が1つの要因といわれることがあります。産業革命の経済成長を生む要因であったとともに、持続的な経済成長を支えるのが会計でした。しかし、産業の発展に比べ、会計技術の進みはのろく、だんだん実態を把握できなくなりました。当時の経営者は15世紀とほとんど変わらない会計技術しか持っていませんでした。原価計算すらしていないのが当たり前です。原料、機械、賃金、現金、配当、借入れといっためぼしいものしか目が行き届きませんでした。監査もほとんど行われず、特に製造業経営者は損益分岐点がまったく把握できず、推測しかできないことを認めていたようです。損益分岐点が正確につかめると、今の値段は安すぎるとか、逆に利益が入りすぎているとわかります。売れているからと喜ぶだけでなく、この値段では高すぎて人気が続かないだろうと予測ができるわけです。

ここは非常に重要なところです。バブルの起こる場面では、会計技術が産業の進歩に追いつかず、実態を正確に把握できていないのです。バブルの繰り返しがなぜ起こるかの答えがほとんどここに出ているような気さえします。

中には会計の精度を高めようと努力した経営者もいます。代表的な人物がジェームズ・ワット（1736〜1819年）です。彼は蒸気機関の改良をした人として有名です。当時は数学者や技術者が会計を作っていました。現実の現象を式や数字で計算する人たちの伝統です。経済現象も数字で把握して管理できるという発想にもとづいているのでしょう。完璧にできるわけではないのですが、確率が計算できれば予測の正確さを高くできます。ワットはほかに複写機の発明もしています。それで膨大な量の帳簿を転写したようです。産業スパイを送って、他社の優れた会計方法を盗んだともいわれています。

また政府の方でもウィリアム・ピット（小ピット、1759〜1806年）が、複式簿記を導入して国家の歳出歳入を公開し、政府の信用を高めていきます。小ピットは24歳という最年少で英国の首相になり、長期政権を樹立します。首相と大蔵大臣を兼任したこともあります。フランス革命に対抗して対仏大同盟を組織し、奴隷貿易禁止に尽力したことでも知られた人です。「私にはイギリスの未来が見えている」という小ピットの発言は、会計を正確にすることによって現実を理解し、そこから予測することによって得られた結論を持っていたことが大きいのでしょう。

こうして会計文化に対するリスペクトはコンセンサスとなり、19世紀のイギリスの繁栄を支えます。当時の経済学者や哲学者は、会計は企業経営のみならず、社会や文化そのものをより高次なものに発展させる原動力であると見なすようになっていきます。アダム・スミスやベンサムがこの考え方を持つ人たちの代表です。またイギリスだけでなく、アメリカの繁栄も会計の力と言えるでしょう。

経済成長には会計がなくてはならないものです。それだけではありません。会計で歳出歳入を正確に把握することにより、これ以上の利益は会社にとって良くないということもわかります。利益があればあるだけ良いと思うのは、世界が無限の大きさを持っているとの誤解から起こる間違いです。値段が上がりすぎるのも、バブルの予兆があります。物には適正な値段がありまます。製品を作りすぎることによって利益が増えるのは、一見、売れているのだから良いことに思えます。しかし、製品を作れば廃棄物も多くなります。処理できないほどの廃棄物を出す生産は利益を減らします。日本で公害がひどかったときのことを思い出します。そして作りすぎは値崩れしたとき、会社に大きな損害を与えます。

学ぼうと思えば学べる道具を私たちは持っているのです。会計技術や歴史もその道具です。けれど使えないのか、使いたくないのか、見たくないということもあります。そんな例が後の章でたくさん出てきます。

第2章

グローバル化にメリットはあるのか

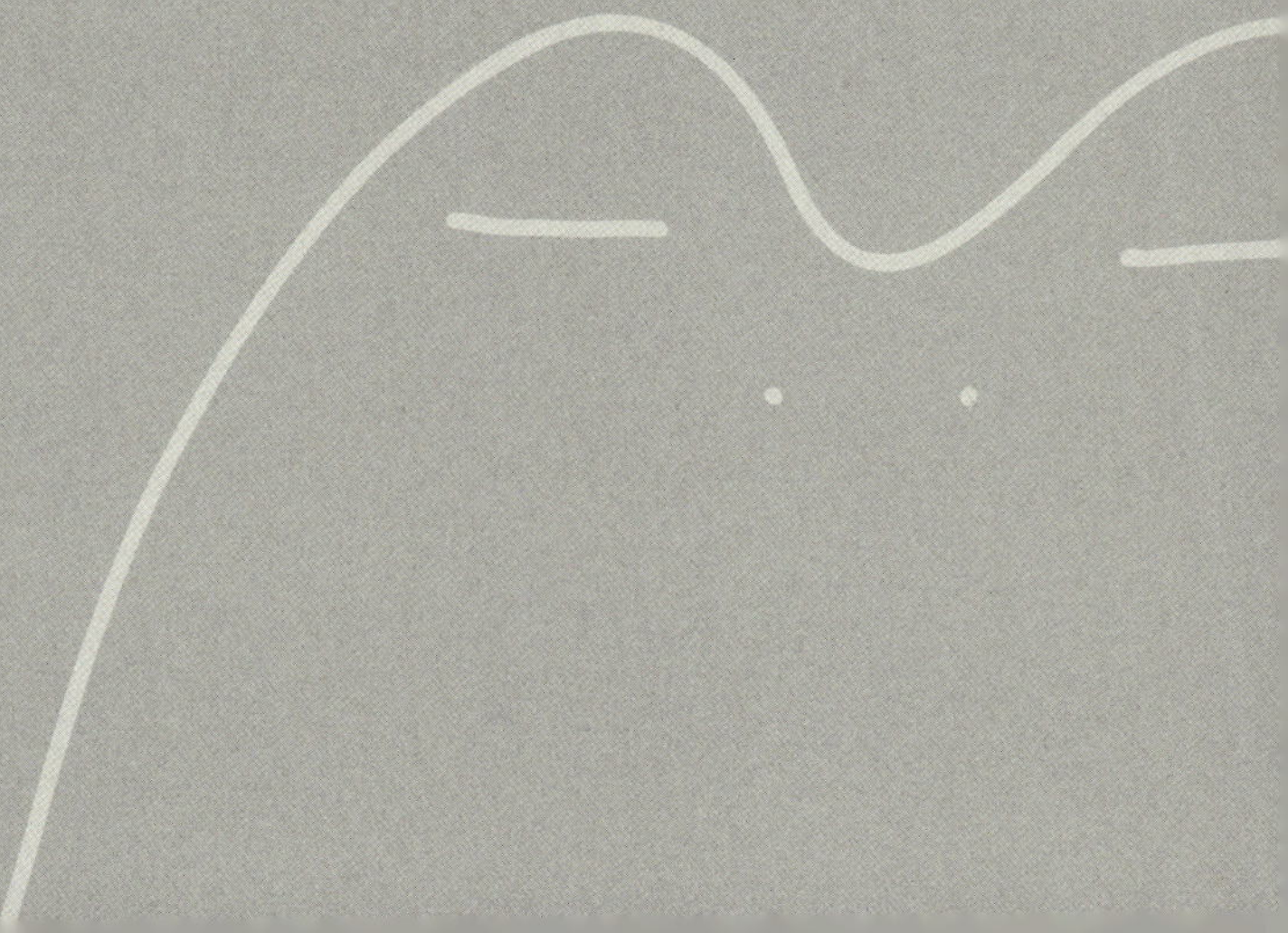

1 グローバル化と大恐慌

会計文化に対する尊敬心と帳簿の大切さを理解することが、国が栄える基本になると前の章で書きました。こうした考え方はフランス革命やアメリカ独立革命にも影響を与えました。会計を大切にしてフランスを強くしたルイ14世も、やがて自分をも縛る会計を封印して、フランス革命を招きました。まるで会計を危険視した報いを受けたようです。

アメリカにおいては、会計文化が社会的な政策に影響を与えるまでになります。市民は信頼できる情報を与えられれば、当事者意識を確実に持つようになります。そうすれば、税金を払う義務感を持つようになります。それによって政府と市民の間で信頼関係ができます。その結果、個人的財産、企業、民主主義が守られるだろうという考えまで生まれました。実際、信頼に足る帳簿＝財務諸表があれば、過度な期待をして過剰な投資や投機をすることもなく、バブルはなくなるでしょう。これが、会計による、未来を予測する力の1つです。粉飾決算がなくなれば、それにだまされて損失を被ることもなくなります。これは国の財政と企業会計の両方について言えることです。

そのために生み出されたのが公認会計士でした。この人たちの必要性はどこにあったのでしょうか。実は、鉄道が生み出したのです。産業革命が生み出した革命的技術、その影響力を考えればまさに革命的イノベーションといえる発明の1つが鉄道です。製造業に比べ固定資産の維持費が桁外れに大きい鉄道では、減価償却という概念が非常に重要になってきました。鉄道を作るときには大きなお金がかかります。しかし、何年使うか考えて、その年数で鉄道を作ったお金を割れば1年間の費用になります。おおざっぱな言い方ですが、この減価償却の考え方が、鉄道にはとても大切なのはおわかりいただけると思います。鉄道は減価償却の重要性を認識させたという意味で、経営にも革命を与えたと言えるでしょう。

しかし、鉄道ができた19世紀のアメリカでは、国家は鉄道経営の監査をしていません。また経営者は財務資料を公表しないので、課税もできませんでした。当時は鉄道に限らず、お定まりの粉飾決算が横行していて、株価操作も日常的でした。鉄道に巨額投資したモルガン商会やロックフェラーなどの投資家は莫大な利益を上げますが、彼らですら、その経営実態や収益構造はほとんど理解していませんでした。そうなると、誰かが用地買収などで政治家とつるんで悪事をしたり、インサイダー取引が横行するようになります。よく聞く話です。これを放っておくと、会計不正の余地が大きいだけに弊害も大きくなります。歴史上の例にならえば、このままでは国が滅びるはずです。政府は規制強化の必要性に迫られます。ところが誰がそれをするのでしょう。政府にはその能力がありません。そこで会計士の出番です。

こうして、政府の調査当局と公認会計士事務所が発達する道ができたのです。

やがて大手会計事務所の登場により会計士の立場は強化され、１９２０年代にはその力ですべての問題はクリアされたかに見えました。少なくとも１９２９年、あの嫌なものの足音が聞こえるまでは。そう、問題解決だと思った矢先に大恐慌が起きたのです。これは偶然でしょうか。

この当時、世界の覇権国家はイギリスからアメリカに移りつつありました。本来、会計士は公平な審判でなくてはなりません。しかし、実はイギリスと異なり、アメリカでその姿勢を貫くのは難しかったのです。まずアメリカのビジネススピードは、イギリスに比べ速かったのです。これはアメリカが新興国だったからです。しかも、イギリスに比べ自由を重んずる性格上、規制はほとんど存在しません。そうなると、正確でない帳簿に基づいて会計状態を推測するしかなくなります。またアメリカの企業が求めたのは、監査よりもむしろコンサルタントだったのです。

当時の会計士の中には、アメリカの株高に警鐘を鳴らしている人もいました。この人たちは、この景気は水増しバランスシートの産物ですよと言っていたのです。彼らに言わせれば、上場企業でこれほどの不正がまかり通っていることがすでに大問題だったのです。もちろん、バブルの原因はそれだけではありません。無価値とわかっていて株の取引をした人たちや、はなからバランスシートのわからない素人もいたからです。しかし、会計不正が大きな要因であることには変わりないのです。

この大恐慌が世界中を走り抜けます。このときすでに世界の経済は、今とはレベルが違うものの、だいぶグローバル化が進んでいました。1つの国の株安がその国だけにとどまらないという構造に、世界がなっていたわけです。バブルも恐慌も輸出できます。

大恐慌に懲りたアメリカ政府は、二度とこんなことが起こらないようにしたいということで、グラス・スティーガル法をつくります。この法律により、銀行業と証券業の兼業を禁止して、銀行がリスク金融商品で預金を運用することを防ぎました。あわせて、負債を把握しやすくしました。そうなると監査もそれまでに比べやりやすくなります。透明性は数段よくなりました。

さらに、モルガン商会が推奨株を有力者だけにこっそり教えていたことがわかりました。そこにクーリッジ大統領も含まれていたのです。いつの時代にもある政財癒着です。これを重く見たルーズベルト大統領は証券取引委員会を設置し、いかがわしい取引を根絶しようとします。初代委員長はあのＪ・Ｆ・ケネディのお父さん、ジョセフ・Ｐ・ケネディです。金融業で莫大な資産を築いたジョセフは怪しい取引の専門家でした。彼がしたことを誰もできなくするようにすればいいのですから、まさに適任者です。その結果、非常に厳しい規則を作り上げます。蛇の道はヘビといったところでしょうか。

こうして当時考え得るかぎり万全な体制が整備されます。そして１９６１年頃まではその黄金期が続きます。このころは、欧米も日本もみんな高度経済成長期でした。それにともなって会計文化は微妙に変化していきます。システムが整備されるということは、膨大な法律用語と法律が生まれざるを得なくなります。その結果、普通の教養人には会計が理解できなくなってしまい、会計を扱えるのは一部の専門家のみとなります。こうして会計士はエリートとして高額所得職業の代表となっていきます。公明正大を目的とした会計文化も、市民全員の共通理解といった性格から大きく離れていってしまいます。

やがて会計士はエリート職業として実力を競うようになり、会計事務所同士の競争も激化します。そうなると少しでもサービスを良くして顧客のニーズに応えようとするので、コンサルタント業務を拡大するようになります。でもちょっと待ってください。本当にこれでいいのでしょうか。監査する対象企業から多額のコンサルタント料をもらうわけです。これでは利益相反になりますから、公平中立なレフェリーになるのは無理でしょう。それは現在の大企業の会計の現状を見れば明らかです。

奇しくも1970年代、ニクソン大統領の時代に、オイルショックでインフレ率が上がりました。その影響をどう会計に反映させるかで、コンサルタントと監査という利益相反の矛盾は表面化しました。会計上からは資産価値を正確に把握できなくなったのです。たとえば純利益を400万ドルも出した直後に倒産した鉄道会社がありました。一般市民は当然、会計事務所が不正を働いたとみます。会計士は会計士で、インフレ率を加味した時価会計には不確定要素が大きく、推測が難しいと主張します。前にも書いたとおり、このときには会計の議論が専門的になりすぎて一般人には理解できないようになっていますし、一般人にはもう理解しようとする意思もなくなっていたようでした。こうして会計への信頼性が失われていきます。こうなったときはターニングポイントです。社会が正しい知識を持つことを嫌ったときに、必ずそれを感じとって、自分の利益に走る者がうごめき出します。

こうしてこの利益相反は、社会に拭い去れない不信感を植え付けていきます。とはいえ、巨大企業の会計監査が行えるのは大手会計事務所だけであることには変わりなかったのです。

現代日本のグローバル化も同じ状態になっているわけです。取引相手国ごとの会計があり、それに合わせた外国法人と日本国内法人をともに管理しなければなりません。素人にはどのような会計システムになっているか簡単にはわかりません。会計シムテムが未発達な海外に進出するならば、本当はその国が幸せになるように会計技術も一緒に輸出すればよいのです。そうすれば、その国も会計の透明性によって成長するはずです。

話を戻しましょう。企業が巨大化して、会計事務所が利益相反する仕事をしているとしても、監査してサインすればその企業の企業価値が高まります。それがさらにその会計事務所のコンサルタント業務部門を儲けさせることになります。さらに、それらの企業は銀行から融資を受けています。その企業の監査に手心を加えることは、巡り巡って銀行に損失を与えることになるのです。事実を伏せることで、企業と会計事務所は儲けて、銀行には損を与える。嫌な仕組みができました。

現在、コンサルタント業務部門は本業を圧倒しています。総合エネルギー取引の会社エンロンが２００１年に破綻したときに、決算報告を粉飾した罪で解散させられた、世界５大会計事務所の１つ、アーサー・アンダーセンという会計事務所がありました。解散に追い込まれる直前には、その収益の70％はコンサルタント業務部門のものでした。しかも後でわかったことですが、ワールドコム（２００２年破綻）、エンロンなどの契約企業のほとんどが粉飾決算で株価を押し上げていたのです。

当時の大統領ジョージ・ブッシュは、お得意のジョークで「良いニュースは、生物化学兵器の査察をフセインが受け入れると表明したこと。悪いニュースは、その査察をアーサー・アンダーセンにやらせるようフセインが要求していることだ」とまで言っていました。

しかし、この件でさらに皮肉なのは、じつは監査担当者はエンロンの不正経理を上司に報告していたのです。まだ一流の会計士はいました。しかし、良心の見返りとして1億ドルのコンサルタント料を失うことになるでしょう。これを恐れた首脳部は、不正経理の報告を黙殺したのです。これでは会計事務所として本末転倒です。会計士が儲けのために、会計士の職務を放棄したわけです。

ノストラダムスの預言によれば、１９９９年は恐怖の大王がやってくる年です。振り返ればこれがその恐怖の大王だったのかと思われる事件が起こっています。この年、アメリカ議会はほとんど反対もなしに、あの優れたグラス・スティーガル法の規定を廃止しました。これにより、銀行、証券、保険の相互参入が再び可能になったのです。それどころか、これはグローバル・スタンダードの名のもと、日本はじめ世界各国にも強制されました。こうして大恐慌の反省で作られた安全装置は易々とはずされ、会計責任は軽く見られるようになりました。なんでもグローバル化と、横並びにすればいいってもんじゃありません。

自由化された金融市場のもとで何ができるでしょう。複雑な仕組みをもとに、さらに高度な金融商品が次々と考え出されます。そしてまた根拠のない熱狂ブームが来てしまいます。

１９８０年代のバブルもそうです。当時はそれが永久に続くと信じられていたのです。

熱狂がここまで来ると、もう会計が理解できないというレベルではありません。高度な金融商品は、世界中でその仕組みが正確に理解できる人は開発者を含めて20人前後だけといわれています。映画「ウォール・ストリート」で、誇らしげに語られていた債務担保証券（CDO）はその最たるものです。会計事務所もCDOはきわめて投機的でリスクも高いと認識していましたが、彼らにその発行を防ぐ力はありませんでした。危険を防ぐ会計士の誇りはどこに行ってしまったのでしょう。

ここで明らかになった教訓は、現在の事業内容は複雑怪奇で、かつ規模が大きすぎるということです。もはや監査など不可能なレベルに達しているということなのでしょう。ゴールドマン・サックスやモルガン・スタンレーを監査すると言っても、一体何人の人手が必要なのか見当もつきません。

会計技術が社会全体で共有される文化となった社会は繁栄しますが、軽んじられれば衰退します。これは真理だと言ってよいのではないかと書きました。しかし、現在はあまりに一般社会と会計が離れてしまっているようです。生活に密着していた数学も、それとともに進歩してきた会計も、2つとも生活から離れてしまったようです。

今日の経済学は複雑すぎる数式が横行しています。しかし、もともと経済学は、生活様式の歴史学的探求から誕生した分野です。19世紀ドイツの社会学者マックス・ウェーバーは、経済と社会の両方を研究することが大切だと言っていました。

現在の高度金融社会はチェックが効かない、チェックできる人がいないという構造的欠陥を持っています。このままでは１９２９年の失敗をまた繰り返してしまいそうです。おそらく、いずれまたバブルとその崩壊を招くことは間違いないでしょう。経済の基盤を理解しようとしても、教養のある人がかなり専門的に勉強しないといけません。他の仕事を持っていたら不可能なことです。自分の生活を成り立たせている経済がよくわからないのです。仕組みもわからないシステムの中で暮らすのは幸せなのでしょうか。同じことは複雑になりすぎた電化製品やパソコンにも通じますが、私たちは知らないものに頼って生活しているのです。この意味で、すっかり脆弱になってしまった社会に私たちは生きています。

可能かどうかは別にして、複雑になりすぎ、理解不能となった経済を、私たちの手に戻すことが必要なのではないでしょうか。80年代にはまったく考えなくてよかった、確定拠出年金、投資としての金融商品など、もう普通の人の手には負えないことは誰の目にも明らかです。まして、毎日こつこつと働いて、精一杯の生活をしている人たちにこれを理解しなさいというのは無理でしょう。構造的欠陥なのに、自己責任が求められているのです。責任能力がないのに自己責任です。グローバル化はそれに拍車を掛けています。

2
「バブル景気は終わらない」信仰

金融制度を整備すればバブルの兆しに気が付けるし、恐慌が起こることの予防になる、と思ったのに、非常に高度な金融制度になりすぎてしまいました。高度金融制度が一般の人の理解をはるかに超えてしまい、何をしているのかわからない。そこに特別の理解能力を持った一部の人たちが現れると、バブルを演出することができてしまいます。さらに、せっかく整備した規制をはずしてしまい、それにさしたる反対も起こらない。まるで良いことのように規制をはずしてしまいました。これは、チェックしなければならない人たちにチェックするための知識が不足しているという原因もあります。

それでは、もう一度、１９２９年の恐慌時のアメリカを詳しく見てみましょう。何か救いが見つかるかもしれません。ここでは特に金融制度から見てみましょう。

金融制度の整備や新たな経済理論が投資家に過度の信用を与えたことによって、バブルが起こることがあります。そして、それがはじけて恐慌を起こしてしまいます。1929年の大恐慌がそれです。1929年の最高値から、ダウ工業株平均株価は約3年間で90％ほども下がりました。銀行の取付け騒ぎも起こり、三人に一人の労働者が失業するという事態を招きました。

当時、アメリカでは自動車が急速に普及しました。ゼネラル・モーターズ社の株価は1925年からわずか3年間で10倍になりました。毎年2倍以上株価が上がった計算です。アメリカの国民的産業となる自動車産業が株式市場の牽引役になりました。モータリゼーションの登場です。T型フォードを量産するために、史上初めてベルトコンベア式生産システムが導入されました。これが現在に至るまで、ベルトコンベアによる大量生産、大量消費、大量廃棄という20世紀型の文明スタイルを決定します。日本の戦後復興は鉄鋼や化学工業が先導したといわれていますが、機械工業が引っ張ったことも注目しなくてはならないでしょう。これもまた、ベルトコンベアの生産ラインです。またベルトコンベアにより、イギリスに代わってアメリカが覇権国家の地位を得たと言ってもよいでしょう。ちなみに、21世紀初頭につくられた「20世紀の偉大な発明」というプリンストン大学のレポートで、ベルトコンベア式生産システムは1位でした。続いてラジオ受信機や、航空機、映画など20世紀型のライフスタイルを象徴する新技術が登場します。株式市場では、これらに関連した銘柄が将来性、成長性を買われ、人気を集めました。

さらに、連邦準備制度理事会（ＦＲＢ）が創設され、中央銀行機能が整備されました。これにより、金利と国債売買の調整ができるようになります。経済状態をコントロールし、不況を軽減したり、恐慌を未然に防止することができると、今から考えれば信仰とも言うべき安心感が広がりました。また、経営学が普及し、それをビジネススクールで学んだＭＢＡが中心になって経営を担うことで、継続的で安定した経済成長が続くと信じてしまったのです。この時期にイギリス中央銀行を支援するためにドル金利が引き下げられたのです。このために、株の含み益（資産の値上がり分）を担保にしたローンなどが増えて、信用枠が拡大し、株式市場にお金が入り、株価がさらに上がります。

こうして跳ね上がった株価は、これまでなら異常と評価されたのですが、そうはならなかったのです。それは、新経済（ニュー・エコノミクス）理論の登場によります。これは新技術や金融制度の発達により、景気循環が過去のものになったとする理論で、当時広く信じられていました。これはつい最近も、リーマンショックの前にアメリカで同じことを言い切った人たちがいました。都合の良いことは疑わず、すぐに信じるのが人間です。多くの人がこれを盲信した結果、バブルはさらに進行し、事態はさらなる悪化の一途をたどったと言えるでしょう。

その結果、株価が上がりすぎたので、銀行の貸出し金利より株式配当利回りが低くなりました。これは逆転現象です。企業は株を発行した資金を銀行貸出しの高金利で運用できてしまいます。株の配当は1株でいくらと決まっています。1株100円として、5円の配当なら5％です。1株が1000円ならば5円の配当は0・5％です。これが配当利回りです。この配当利回りが銀行利子を下回れば、企業は配当を払っても株式を発行して、株式市場から資金を獲得し、そのお金を銀行に預けて利子をもらいます。銀行利子よりも配当の利回りが低いので、この差額を企業は利益としてもらえます。何も作らなくても、お金を動かすだけで利益を得られます。

銀行貸出し金利よりも株式配当利回りが低くなるのは、自然な状態ではありません。しかし、経営者にとっては簡単に儲かりますから、良い経済状態です。簡単に儲けられることが当たり前になることが異常です。この後に続くのは、経済状態をよく知らず株を買うと上がるから、という一点を見て素人さんが投資を始めることです。この現象が数少ないバブル症状の判断材料の1つです。特に女性の参入は強気の相場を作るといわれています。

これはＩＴバブルのときに主婦層が大量参入したことや、小口外国為替証拠金取引、ＦＸに女性参加者が多かったことで、世界的にミセス・ワタナベといわれた現象を思い出します。お昼過ぎになると、外国為替の取引で円売りドル買いの注文が集中し、無視できない力を持ったのでした。その資金の出所を調べると、日本人の主婦を中心にした女性やサラリーマン投資家だったことからついた名前です。イギリスの経済誌『エコノミスト』が最初に名づけたといわれています。

さらに、株の暴落がおきないと思わせる出来事がありました。1928年6月、12月、翌年3月の計3回、株価の下落が起きましたが、持ち直してしまいました。それまでのバブルは、一度株価が下落するとそのまま落ち続けました。専門家ですら、株価が持ち直したのは、金融システム、経済理論、経営学の進歩の賜だと思いました。

そうすれば、またいつものように、そのシステムや理論の能力が万能だと信じてしまうことになります。全面的に信頼を寄せてしまったと言えるでしょう。万能な法則などありえません。しかし、その能力を疑わなくなり、過信します。そして都合の悪い情報は無視するようになります。成長がそのまま続いて欲しいという希望が信仰になりました。しかし、やがてプロの投資家は静かに撤退していきます。小規模な下落を機に、主な投資層が初心者へ移りました。いつものパターンと言えます。そのうちに株価はだんだん、合理的な範囲からはどう考えてもおかしな価格になっていきます。下がり方が激しくなりました。その下落はおかしいと玄人にも素人にもわかるようになります。当然不安が高まります。こうなると、自慢の金融システム、経済理論、経営学をもってしても、事態にうまく対処できなくなります。こういうときは、株価は良い材料には反応せず、悪材料には敏感に反応するようになります。新兵器をもってしても衝撃を吸収できなくなったわけです。

そして、ついに10月24日がやってきます。株価が下がる原因など何もない日でした。しかし、株価は暴落しました。信用取引の担保になっている株価が下がりましたから、担保能力がなくなります。その分を現金で納めなければなりません。これを追い証といいます。追い証がかかった投資家は、株券を現金に換えようとして投げ売りをすることになります。それがさらに大暴落を招いたのです。

そして、これまたいつものように、政府の対応は遅きに失します。しかし、システムと理論が発展していた結果、アメリカ政府は気を吐きました。すなわち新理論、金融制度インフラをフル稼働して対策を行ったのです。政府と民間が協力しました。政府は消費の活性化のために減税をします。お金を借りて安くし、投資を増やすために公定歩合を引き下げました。これを受けて銀行は低金利でお金を貸してお金の循環を良くしました。企業が自社株買いで株の価値を高くするなど、政府と民間が全力で株式市場が健全な状態に戻るように努力しました。株価は一時的に戻りましたが、結局最高値から90％も下がりました。政府、企業、銀行が一丸となった恐慌の対応策でしたが、タイミングが遅すぎたのです。この恐慌はアメリカ一国では収まらず、世界大恐慌の引き金となりました。グローバル化が進んでいたのが裏目に出ました。グローバル化には果たしていいことがあるのかと言いたくなるような、悪いことばかりが起きます。

アメリカの恐慌が世界規模の大混乱を引き起こし、史上初の大惨事となったことは皆さんご存じの通りです。

世界中で失業者があふれました。アメリカだけでも1200万人が失業しました。日本も関東大震災などで経済が低迷していたところに、この恐慌の直撃を受けて倒産する企業が増え、失業者があふれました。大学出の就職率が約30%でした。世界不況は回復する見込みもなく長期化し、第二次世界大戦につながります。

大恐慌の原因を考えると、バブルの原因がいくつか認められます。

1、新しい金融システム、新経済理論、新経営学に対する検証なしの過信。

2、多くの世界を変えるような技術が開発された。この新技術が世界を変えると多くの人たちが信じてしまった。それによって、新しい時代がくると思い、現代の言葉で言えば経済成長が続くという根拠のない希望を信じ込んだ。

3、株式に投資しやすくなり、投機的なことがしやすくなった。今まで投機に参加しない素人さんまでお金を動かすので、バブル崩壊の影響を受ける人が、一般市民を含み膨大な数になった。

4、貯蓄のない市民でも、信用創造による各種ローンによってお金を借りて生活を続けられるようになっていた。そのため、経済が信用収縮に回ると家計を直撃した。

5、信用システムが創造から収縮にシフトするので、今までにない打撃を銀行が受け、不況が長引いてしまった。

5は日本の平成バブルにもぴったり該当します。当時の日本政府は、アメリカの主張を退けました。アメリカの主張とは、「債務超過の金融機関は例外なく処理しろ。大きすぎて潰せないという考え方はするな」でした。この外圧を退けて、政府は大手都市銀行を救済しました。銀行を潰すのは経済全体に与える影響が大きすぎるからです。

日本に対しては原則論を振りかざしたアメリカも、いざ自国で実行しようとすると問題が起きました。リーマンショックのとき、いったんは原則通りリーマン・ブラザーズを破綻処理しましたが、その影響で経済が不安定になったため、それ以降はバンク・オブ・アメリカなどを筆頭に救済していくことになったのです。

現在の経済危機は、どの国の危機であったとしても、多かれ少なかれ世界中が影響をうけます。グローバル化という名の下に世界中に投資をし、資本の出入りが大きすぎるからです。たとえば、日本の土地を外国に簡単に売りすぎます。地方の土地でも、都心の土地でも、キーポイントになる土地を外国人は欲しがります。その結果、買った国に何かあったときには、日本がもろに影響をかぶる可能性があります。グローバル化もいいですが、いざというときに日本の国民を守る緩衝材を入れておかないといけないのではないでしょうか。

3 おかしな経済理論

経済学では数学の式を使って、経済状態を表現する人たちがいます。というより、それが経済学の姿でしょう。しかし、今はあまりにも複雑な式を使って金融商品を作るので、普通の人の勉強では理解は不可能に近くなっています。1節で出てきた債務担保証券（CDO）などがいい例です。

最近、不思議な経済理論を使う人がいます。それと複雑な金融取引が一緒になると、さらにおかしくなります。数学は自然の現象を表現するように進歩してきましたが、数学を使うときには注意が必要です。約束を守らないといけません。それを無視して使っても正しい結果を求められません。

たとえば背理法という証明方法があります。高校の数学で習った記憶があっても、忘れてしまった方も多いと思います。この背理法は使い方が簡単なので、まがい物を一般的な話の中に使う人がいます。

「AならばB」という文章があるとき、これを証明するために「AであってBではない」と仮定するのです。この仮定から矛盾がでれば、「AならばB」を証明することができます。しかし、この証明方法を使うためには、AもBも数学の集合でなければなりません。「AならばB」が成立するときは、Aが成立するものの集合はBが成立するものの集合に含まれる、という関係が成立します(図)。数学の論理は数学の証明を機能的に行うためにあります。ですから、一般的な会話の中で使うと、おかしなことが起こります。

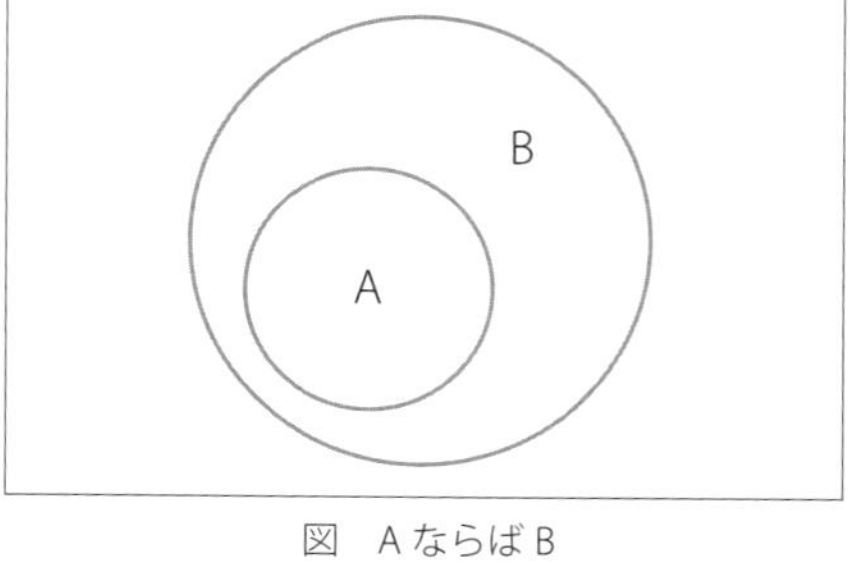

図　AならばB

たとえば、数学で考えることは簡単に言うと、正しいか間違いかのどちらかです。正しくなければ間違いですし、間違いでなければ正しいということになります。しかし、実際の世界ではそんなことはないでしょう。どちらかというと正しい、なんてことがあります。最初から、数学の論理を社会的なことに使うのは無理があるのです。まして、政策を議論するときに使ってはいけません。

2012年の衆議院の公聴会で、日本国債の安全性について議論がありました。発言者は高橋洋一氏です。この中に背理法を使った表現がありました。

日本の経済状態は悪いままで、税収で足りない部分は国債でまかなっていましたので、当時、何人かの経済学者やアナリストが、日本の国債は3年で破綻するのではないかと懸念を持っていました。高橋氏は非常に複雑な取引CDS（クレジット・デフォルト・スワップという金融取引の略です）を使って、それに反論したのです。

国債のCDS値（この場合は国債の破綻に備える保険料のようなものの計算値）は約1％でした。おおざっぱな説明ですが、毎年、発行国債の1％を払っておくと、もし破綻しても、その金額を補償してくれるという取引です。国債が破綻する心配があるなら、毎年1％の保険料を払っておけばいいわけです。もし、3年後に日本の国債が破綻したとします。すると、1％の保険料を3年間払っていますから、3年後に保険金が満額入ることになります。3％で全額が手に入りますから、100％を3％で割ると3年で33倍になる投資ができるわけです。こんな美味しい取引があるわけがないので、日本の国債が3年以内に破綻することはないというのが高橋氏の説明でした。

もう読者の皆さんはおわかりと思います。背理法を使ったように見えるのですが、仮定と結論がはっきりしていません。背理法は、「AならばB」の証明に使います。今の議論でAとBは何でしょうか。Bは「3年以内に国債は破綻しない」です。では、Aはなんでしょう。「国債のCDS値は約1％」でしょうか。すると仮定は「国債のCDS値が約1％ならば国債は破綻しない」になります。ちょっと違いますね。日本の国債の危険性があるのかないのかを問題にしているのです。先ほど書いたように、背理法では「AならばB」のAもBも数学の集合でなければなりません。「国債のCDS値は約1％」も「国債は破綻しない」も数学の集合ではありません。百歩ゆずって「国債のCDS値は約1％」を数学の仮定と認めたとしても、「国債は破綻しない」は集合になりません。

金融商品や金融取引が理解不可能なレベルで複雑化しているのに、数学の変な使い方でよりわけのわからなくなる議論はやめて欲しいと思います。

日本の経済状態は悪いままで、税収で足りない部分は国債でまかなっていました。これと同じような議論に「バーナンキの背理法」と呼ばれるものがあります。バーナンキ氏はFRB（連邦準備制度理事会）議長だった方です。彼はもともと経済学者で、1999年に日本の金融政策についての論文を書きました。そこで背理法を使っているのです。その論文で、中央銀行が国債を買いまくればかならずインフレにできる、ということを示すために背理法を使っています。まず、結論を否定してみましょう。結論の否定は「インフレにならない」です。中央銀行が発行した国債をすべて買い入れてもインフレにできないとします。それなら、徹底的に国債を発行して、中央銀行はお金を刷って国債を買えばいいことになります。そうすれば、簡単に財政再建ができることになります。そんなことはないから、必ずインフレにならざるを得ないという議論です。

繰り返しになりますが、「国債を発行する」も「インフレになる」も集合ではありません。ですから、数学の証明法の背理法は使えません。バーナンキ氏なら、背理法など使わずに、過度な国債発行はインフレを誘発するということを証明できるでしょう。それとも、案外難しいのかもしれませんが。

この理論の大切なところは、国債を発行して起きたインフレが適度なインフレなら国の経済に良い影響を与えるということでした。適度なインフレなら実質ＧＤＰも上がり、経済状態が良くなります。今まで発行した国債を上回る赤字国債を発行しても、中央銀行が国債を買って国内で処理ができるという理屈です。背理法を使っていなくても、自分でお金を刷って借金を払うわけですから、どこかで破綻すると考える方がまともだと思います。

このようなおかしな経済理論は結構あります。国債をどんどん刷って、国民に買ってもらって、国が利子を付けて償還しても何の問題も起こらないのだそうです。どうしてかというと、国債を買った人に利子と元本を払っても、その人が税金を払うのだから、「行って来い」で同じことだそうです。これが正しいとしても、償還してお金が出ていったときに、すぐに税金が入ってくるわけではありません。時間のずれをどう考えるのでしょうか。この理論はちょっとうなずけないです。お金にとって時間は無視することはできません。時間のずれで不渡りを出してしまうことだってあるのですから。

日本の政府がしている借金は、1000兆円あるといわれています。これを解消しないと、いつか国の財政が破綻してしまうと考えるのは自然な発想です。

財政は破綻しないという人もいます。しかし、その人たちも、いくら国債を発行し続けても、実質GDPが上がらなければ買い続けることができないことは認めていたようです。右肩上がりの経済は、高度経済成長期とバブルの時期の産物ですから、いつまで続くかわかりません。そういう不安定なことを前提にするのは間違いではないでしょうか。

日本の国債は95%を国内の金融機関が引き受けていました。そして、2015年では日銀が一生懸命、日本の国債を買っています。そのためには、お札を刷らなければなりません。お札が増えるとお金の価値が下がりますから、インフレになるのが普通です。そのときに、お札を刷る量を間違えると、スタグフレーションを起こしてしまうという心配があります。スタグフレーションは景気が悪いのに物価が上がってしまうという悪性のインフレです。しかし、そうはなっていませんでした。インフレも起きていませんでした。しかし、これでうまくいっていると思うのは間違いです。実質賃金が上がっていない状態でインフレが起こっていたら、インフレ率が低くても家計への影響は大きくなります。

本来、物の価格は需要と供給の関係で決まると考えるのが基本です。給与が上がって、欲しい物を買おうと思うことによって、需要が増え、物の値段が上がるのが自然です。お札を刷ると円の力が下がりますから、円安傾向に振れます。政府が円安傾向を助長するような政策をとれば余計です。為替の関係で円安になれば輸入品は値上がりします。食料品や原材料が値上がりしたのは、記憶に新しいところです。世界経済はグローバル化で物の値段も連動します。たとえば、ある国の対ドルレートが2分の1になれば、その国の物価が2倍になるのが普通です。グローバル化がいわれる前から、この現象はあります。世界の物価は通貨の関係をもとにして動いているということだと思います。

日本の国債は、他の国と比較すると圧倒的に国内で消化しているので安心なところはあります。しかし、自分でお金を刷って自分で買うわけですから、危険性があります。国外で日本の国債が買われている割合が少ないですから、ギリシャのように国際的なデフォルト騒ぎにはならないでしょう。しかし、日銀が買っている割合が増えれば増えるほど、自然な状態ではないことは明らかです。日銀が買うという状態を、早く抜け出さないといけないと思います。

インフレの方がデフレよりいいのだということをいったん認めたとしましょう。バーナンキ氏が言うように、日銀が国債を買えばインフレ傾向にもっていけるかもしれません。円安もインフレ傾向を強める力があります。しかし、これでインフレを起こすのは筋が違います。家計の支出は減っています。インフレに振れていないから、まだ家計は助かっています。これでインフレになっていたら、インフレが家計を直撃します。スタグフレーションではないから大丈夫と思っていても、何％のインフレからをスタグフレーションと表現するのか、本当のところは誰もわからないでしょう。少なくとも家計が困っているのは事実なのですから。

給与が上がり、需要が増え、みんなが買い物する余裕が出て、自然にインフレになるのが良いインフレのはずです。高度成長期には順調に給与が上がってのインフレでした。円安や、日銀の国債引き受けで無理にインフレにすることは、順番が逆です。どちらも日本の経済が弱いという指標になることです。日本の経済が強ければ、自然に円高になるはずです。

高度成長期のことを今考えていても何の役にも立たないでしょう。円安で輸出業の利益は出ていますが、それでも給与には大きく反映はしていません。企業の内部留保に回る分が大きいからです。グローバル化で外国企業の買収に使われることが多いように見受けられます。企業の内部留保は３００兆円を超えるといわれています。内需を拡大するには、安定した収入が必要です。爆買いしてくれる旅人を当てにしていては、安定した需要にはならないと思います。

4 株価が落ちると困るのは誰か

株価が落ちると、企業の財産に響きます。政府の人気も落ちます。さらに、外国投資家が株式市場に活気のない日本から逃げます。グローバル化により、世界中で投資家が活躍します。彼らの動きも気にしないといけません。これが良いことか悪いことか、少なくとも、今までは会社の従業員の方々に良いことがあったとは思えませんが、これはひとまずおいておきましょう。

政府は急激に株価が下がらないように、公的資金を使って株式市場へ介入します。その資金は、国民年金や厚生年金などを使っています。株価維持操作といい、ＰＫＯと呼んだりします。１９９２年に総合経済対策が決まったときが始まりです。このときに公的資金を株式に運用する規制が緩和されました。自己規制をはずしたときに何かおかしなことが起こるのは、会計が機能するようにできないときに経済が乱れるのと同じ図式です。

政府が株価に介入するのは、金融機関の持株の評価額が下がってしまうと、自己資本の比率も下がり、経営に支障をきたすことがあるのも1つの理由です。企業も株を持っていますから、評価額が落ちると企業の自己資本の比率が落ちます。それに、株価が下がると不景気の気分になります。精神的な作用が景気にも影響するのです。

そこで政府は株価が高くなるように操作することがあります。もちろん、そういう株高は業績とは何の関係もありません。景気が良くなったと錯覚して浮かれている場合ではありません。この際、自分も株を買って儲けようと思う前に、バブルの可能性をよく考える必要があります。皆が買っていても、普通に考えて危ないものを買ってはいけません。

政府ぐるみで株価を操作してバブルを招いた有名な事件をご紹介しましょう。

18世紀にイギリスで起こったこの事件は、南海泡沫事件と呼ばれています。ここでは株価に注目してこの事件から学びましょう。この事件は、政府が深くかかわっているから大丈夫という根拠のない安心感を背景に起こりました。国王までが南海会社に投資をしていたので、南海会社の株価が下落するはずがないと、誰しも思っていたのです。こと経済については、国はあまり当てにできません。

南海会社は、アフリカの黒人奴隷をスペイン領西インド諸島に輸送することで利益を得る会社です。１７１１年にイギリスで設立されたのですが、実はまったく利益が上がりませんでした。しかし、１７２０年に、国がイギリス国債を南海会社株式に転換すると発表すると、爆発的に南海会社株価が上昇し、お定まりのバブルへと発展しました。国債を会社の株に転換するというのはすごい発想です。が、なぜこの政策で南海会社の株価が上がったのでしょうか。じつは国債保有者にとっては株式に転換してもらうことによって、売買がしやすくなります。株価が上がれば、その分の利益が確保できるのです。しかも株価が高いほど、政府、南海会社、南海会社株主が儲かる仕組みになっていました。

その仕組みはこうです。政府の高官と貴族はあらかじめ南海会社の株式を割り当てられていました。南海会社の株式価格が値上がりすれば、彼らの儲けになります。国債を南海会社の株式に転換するときには、南海会社に有利な株価が設定されていました。株価が吊り上げられれば、国債を株式にする人が増えます。政府の高官も貴族も南海会社も儲かることになります。さらに、元金の5倍の金額まで南海会社の株を購入できる仕組みだったので、自己資金よりも取引が膨らみます。これは現代の信用取引と同じです。払い込んだ現金より多くの株を売り買いできます。保証金のようなお金、または株を預けておくのです。

さらに、現代でもそうですが、どこかの会社が注目されると、その会社の関連事業の株も上がります。南海会社の株が上がると、南海会社関連事業も株を買われて、株価が上がります。

この状態が広がって、バブルが起きます。南海会社のバブルはまさに現代と似ています。このときは泡沫会社と呼ばれるベンチャー企業が続々と現れました。日本のＩＴバブルのときとそっくりです。南海会社に少しでも関係ありそうな多くの会社が作られました。南海会社本社ビルを移設するような会社まで作られています。これらの会社は投機で儲けようとする人たちを当てにして儲けようとしていた詐欺まがいの会社が大部分です。

南海会社株が値上りし続けるためには、新たな投資家の参入が続かないといけません。後から後から投資家が参入しないと、先ほど説明した株価吊り上げの仕組みがもたないことは、多少の経験者にはわかりました。国債を南海会社の株に換える人たちが続かないといけなかったのです。また、南海会社の株価が上がるのを見て、もっと上がるぞと予想して買ってくれる新規投資家、つまり素人の参入も必要です。その一方で、この仕組みを熟知していた投資家や商人は、素人が参入してくる間に売り逃げしました。いわばババ抜きが行われたのです。先に投資した人たちだけに利益が確保され、後になればなるほど株価を吊り上げる力がなくなります。

新規参入の投資家がどんどん参加しないと、計算上の仕組みがもたないという意味では、無限連鎖講＝ネズミ講と同じ状態になります。ネズミ講というのは今でもたまに現れますが、4、5人の会員を集めて会費を取って、何かを買わせたり売らせたりします。集められた会員が、また会員を集めます。それぞれの会員の儲けが2代前とか3代前とか、グループリーダーのような会員に入るような仕組みになっています。実際にはこの連鎖が10以上続けば日本の総人口を超えてしまいます。結局のところは数人しか儲からない仕組みになっているので法律で禁止されているのです。

南海会社の経営陣は、投資ブームに乗った投資家の資金が泡沫会社に流れることを恐れました。泡沫会社の株に投資されても、南海会社の株価は上がりません。南海会社は自社株の下落を心配しました。そこで、政府に働きかけて、泡沫会社投資に対する規制を作ったのです。一見、良いことをしたように見えますが、自社株を高くするための姑息な手段でした。

ところが悪いことはできません。泡沫会社の株価は規制によって急落してしまいました。すると、投資家は損失補填のため、南海会社株を売却して現金を手元に残すようになりました。南海会社の株価は高かったので、早めに売れば利益が確保できるし、損をしても金額が少なくてすみます。南海会社の経営陣は焦ります。経営陣は配当を上乗せするなどの手を打ちましたが焼け石に水でした。なんだか現代でもありそうなお話です。

南海会社の株価は1720年6月に1050ポンドまで高騰しました。ところがその後2ヶ月で下がり始め、3ヶ月後には約5分の1にまで急落します。投資した人たちは生きた心地がしなかったでしょう。お金持ちだけが投資したわけではないのですから。

政府が関与しているから大丈夫という安心感は、1987年に政府がNTT株の市場放出を行った際にも見られました。これも結局、多くの人が損失を被りました。

株高を維持しなければならないということ自体がおかしなことなのです。何かおかしなことがあるから、まずいことがあるから株式市場に任せられないことになります。1990年代の日本のバブルのときもそうでした。日経平均が3万8957円を超えていたのに、バブルがはじけたとたんに2万円を切りました。このとき、金融機関、特に地方銀行などの株の含み損が膨らみました。政府が買い支えをしないといけない状態になったのです。株価を無理に支えるということは不自然なことです。

たしかに株価は大切ですが、業績が良ければ自然に上がるものです。現在では、政府は株価を維持するために年金基金を使っています。株価を維持するためではないと反論されるかもしれませんが、明らかに株価を維持しているでしょう。年金基金は、2016年1月の時点で7兆円以上の運用損失を出しています。2001年から2014年の運用実績は50兆円ほどの利益があるはずですから、まだ大丈夫と言えば大丈夫です。しかし、50兆円の運用は約15年間の運用実績です。それを年金基金が株で運用をするようになって、1年足らずの間に7兆円を飛ばしているのですから、まだ黒字だと言っていられないでしょう。

株価が安い株式市場は魅力がありませんから、投資家が資金を入れません。外国資本も入ってきません。外資が入るのが良いかどうかは別にしてですが。さらに、景気が良いから株高になるのはわかりますが、株価が高いから景気が良いとか、業績が良いというのはまったく筋が通りません。株価を維持するために年金基金を株で運用することにしたなら、厚生労働省は責任を放棄したことになるのではないでしょうか。

さて、ここでわかったことは、

1、政府が関与しているという安心感で根拠なく投資が殺到する。

2、政治家や著名人の名前があることで政治的な影響力があるから安全と判断するが、逆に詐欺事件の多くは、これらが利用される。

3、取引がそれほど活発ではない国債が株式に転換されたことで流動性が増加した。

これが南海泡沫事件の原因です。ここでは、政府や政治家がらみのバブルの原因を考えてみました。そして株価を下げるわけにいかなくなる1つの例について考えました。この3つの原因の中で、ごく最近、私たちも巻き込まれたことがあります。

3の要因は住宅ローンが証券化されてバブルを招いた、サブプライムローン・バブル＝アメリカ住宅バブルにも通じるものがあります。

サブプライムローンは、ふつうなら住宅ローンの審査に通らない人に、利息などを上乗せして貸し付ける住宅ローンが中心のローンです。自動車ローンなども含まれています。住宅ローンの債権は、通常は銀行などが持っていますが、この債権自体を証券化して取引します。こうすると、債務者は借りたお金を返す先が、この証券を買った金融機関や投資家になります。返せない人に貸したローンですから、焦げ付く可能性が高いわけです。しかし、どういうわけか、格付け会社も高い格付けをしていました。案の定、このバブルははじけて、日本も大きな影響を受けました。常識的に考えて、住宅ローンは売り買いなど簡単にできないものです。それに、返せないかもしれない人たちが借りたローンが、証券化されて流動性を持ったからといって、それがバブル化するというのは、どう考えてもおかしいです。

もう一度言いますが、皆が買っていても、普通に考えて危ないものを買ってはいけません。自分の常識で判断することが大切です。

5 グローバル化のリスク

会計文化は帳簿を大切にします。ノートに書かれたことを大切にするのは、ノートの上だけで儲けを出すこととは違います。人が真面目に働いて作った付加価値や、それを評価した人たちのお金の動きを表現しているから尊敬に値するのです。

現在の株式市場を使った、ハイリスク・ハイリターンの金融商品の儲けを記録するためにノートを使うのではありません。そんな帳簿を見たらルカ・パチョーリはどう思うでしょうか。今の複雑な金融商品で儲けを出せるのは、一部の裕福な投資家だけです。しかし、バブルの結果でノートの上の利益を出している人たちには魅力のある世界でしょう。バブルがはじけると、株式市場から大きなお金がなくなります。そのツケを払わされるのは、いつでもバブルには無関係な人たちです。帳簿上の利益だけを見て、リーマンショックまでのアメリカは、調子に乗り「もはや景気循環は終わった、歴史は終わった」と宣言する人までいたのです。これと同じ話をどこかで聞きましたね。1929年の大恐慌の前と同じです。リーマンショックでも、儲けて逃げた人たちがいたのです。

資金が株主に戻るだけの仕組みを精巧にして株式市場を考えてしまうと、業績に裏付けられた企業の力は無関係になります。株価を上げるために大きな資金を集めたり、株価が下がれば国全体の経済が悪くなるという理由で、資金量をふやすために紙幣を増刷するといったことをします。こういうことをいつから経済行為と言うようになったのでしょうか。株式市場は上場している企業を応援するのが根本的な目的です。株式を売買して利ざやを稼ぐことを目的に作られているわけではありません。もちろん、貯蓄や企業の余剰金を使って株を買い、個人や企業の資産にし、売買したお金で利益を出すということもあります。しかし、売買ゲームで投資家が儲けを出すだけなら、それを経済行為と言ってよいのでしょうか。広い意味では金融業に入るのでしょうが、それが社会に及ぼす悪影響にそろそろ気付かなければならないような気がします。株式市場は健全な企業を育てるところでもあるはずです。ただの売買ゲームをするところであれば、何も有益な価値を生み出すことはありません。

現実にはこのような儲けは、実質的な社会の富にはなりません。その証拠にアメリカはいまだに、経済学者クルーグマンが言う貿易赤字と財政赤字の双子の赤字から抜け出せません。

こうした問題のおおもとには総需要が増えないどころか減少しているという現実がありま す。20世紀末から、欲しい、買いたい、そのために一生懸命働きたいと思うような、魅力的な新商品が登場していません。馬車から自動車に交通手段が変化し、ラジオからテレビに代わるのは革命的でした。この変化で新しい市場が生み出されましたが、VHFからデジタルビデオの変化にそこまでのインパクトがあるでしょうか。最近はやりの高画質テレビも、もはや素人には何が違うのかはっきりと区別できません。絶対欲しいという有効需要が、前に比べて非常に弱いのです。

しかも、ヨーロッパでも日本でも人口が減少に転じています。そして、新しい市場といわれている東南アジアでも、近い未来に人口は減少へ転じます。

株式会社が誕生して約350年経ちました。資本と経営を分離する株式会社という仕組みは、一部封建領主などに独占されていた富を少なくとも前よりは平等に分配してくれました。封建制度崩壊にも民主主義の発展にも手を貸してくれました。しかし一方で、投資するだけで物を作らず、労働もせずに、金儲けだけをするという欲ばりなシステムをその中に持っていました。この怠け者の欲張りの発想を、社会制度として定着させてしまったのです。これはとんでもない副作用でした。この副作用を避けるには、強い意志の力と、働かなければ社会資本はできないという原理原則を理解するしかありません。これは精神論ではありません。農作物を作るとか、林業を続けるとか、鉄を作るとか、いろいろな仕事で社会は成立しています。都市部が存在できるのは農村部が存在するおかげですが、どうもそう思っていない人が多いようです。

しかも、株式市場を金儲けのためだけのシステムと理解している人たちは、株式市場は右肩上がりであるという根拠のないことを大前提とします。この大前提は、実体経済では難しくなってきています。右肩上がりになるためには、総需要が作り出されなければなりません。買いたいと思う魅力のある製品がない、人口が減少している、という2つの理由だけでも右肩上がりは無理でしょう。しかも、右肩上がりを主張する経済理論は、西ヨーロッパだけの経済発展を前提に考えていました。これらの理論ができたときには、マーケットは世界中に考えられましたから、資源も売る相手も無限だと思っていたのでしょう。しかし、地球の資源は無限ではありません。しかも、現在では東南アジアと中国までもが資本主義化してしまいました。その経済活動をまかない続ける資源があとどのくらいもつでしょうか。

アメリカもそうですが、日本も国内市場の成長は望めないところまできていると言ってよいでしょう。家電や自動車などの耐久消費財が各家庭に行き渡れば、新しいものを買うといっても大幅な売り上げの伸びは見込めないでしょう。大量の消費者が三種の神器を買ってくれた高度経済成長期のような速さに追いつくのは無理でしょう。

しかし、電気代がかからない冷蔵庫とか、ガソリンを使わない自動車など、環境問題に配慮すれば買い換えないといけない、良い製品もたくさんあります。これらが飛ぶようにとはいかないまでも、順調に売上げを伸ばすには、環境問題への理解とか、もっと簡単なところでは電気代の節約とかの知識が社会の常識になる必要があります。経済成長をする必要はありませんが、安定均衡するためにも社会の知的レベルが大切な要素になります。それと、もう１つ大切なことは安定した収入です。これが怪しくなっています。

しかも、世界的に貧富の差ははげしくなってきています。このことも購買力を鈍らせます。当たり前のことですが、１０００万円を１人が持っていても、10万円の商品は1個しか売れません。もっとも、爆買いみたいなおかしなことが続くと考えれば、10万円の品が何個も売れるでしょう。そんなことを期待すること自体がおかしなことです。日本人だけならばそんな買い方はしません。外国人や観光客に頼らず、日本の国民が買えるようにならなければ意味がないのです。そこで、日本人１００人が10万円ずつ持っていれば、少なくとも１００個売れる可能性が出てきます。貧富の差はこのように有効需要を延ばすことを邪魔します。

ここで、Ａさんという方に登場してもらいましょう。じつはＡさんはバブルで失敗して、現在は非正規雇用で働いています。Ａさんのような境遇の人は、欲しいものはたくさんあるのですが、購買力がともないません。資本主義社会が発展すると、耐久消費財購入の速度は鈍ります。しかし、付加価値のある商品なら欲しいと消費者は思っています。Ａさんだって購買力さえあれば欲しいものがたくさんあります。潜在需要は実は多いのです。それにお金があれば、電気代の節約になる耐久消費財を買い換えられます。

しかし、非正規雇用が拡大すると雇用の不安定、貧富の格差が起こります。そして、需要があるのに、需要がはっきり見えないような状態に社会を追い込みます。付加価値のあるものを買うためには、それができるような「普通の」収入、正社員としての給与が必要です。また、その収入が続くかどうか心配ですと、お金を使えませんので、普通の収入を保証する安定した雇用が大切です。この2つがないとお金を使えません。お金があっても、銀行に預けて貯金するだけでは物は売れません。銀行が車を買うわけではないですから。銀行はお金を貸しますが、自分ではお金を使いません。

よく、車が売れなくなった原因を若者の草食化に結びつけていますが、間違いではないでしょうか。安定収入300万円未満の層にどうすれば車の購入が可能だと言えるのでしょうか。若者の非正規労働者の平均収入は200万円にも満たないのです。この人たちが正規労働者になれば、車は欲しいから買うと思います。買い換えたり、中古車を買ったりすることをしないと、販売台数は上がりません。買う人を作らないと売れません。

しかし、現在の社会は購買力を改善する方には向いていないようです。付加価値のあるものを国民に買ってもらおうという方向には進んでいません。そうではなくて、グローバル化が進んでいます。つまり国内で売れない分を外国で売ろうとする方針です。まだ耐久消費財が行き渡っていない国に売る方が売りやすいに決まっています。それに、そうした国は経済レベルが発展していませんから、現地生産にすれば安い製品ができます。もちろん、日本の中で作ったものを輸出することもできます。そのためにはなるべく貿易上の障壁が低い方がよいということになります。関税をゼロにして、非関税障壁も外すのが理想とされます。現在、いろいろ議論されているTPPもこの理屈の延長線上にあります。しかし、これは地場の小商いとグローバリズムの申し子である多国籍巨大企業が同じ土俵で戦うことを意味しますから、勝敗は明らかです。地域の共同体がしっかりしていて、自分たちの中で生産と消費のサイクルができていれば別でしょうが、今はそのような一地方だけが閉じているという状態にはなれないでしょう。

小商いがなくなることは、雇用の不安定化を意味します。安泰なのは一部の大企業に勤めている人だけでしょう。また、多国籍企業は雇用にかかる固定費をなるべく軽くするために雇用の流動化を図りますから、正規雇用の減少を助けてしまいます。つまりグローバリズムとは、日本が潰れても巨大企業は残るというシステムです。

スーパーマーケットに行くと、大量生産で画一的な商品ばかりが目につきます。ただし、価格は安いのです。一方、個人商店では、材料を吟味し、作り方にもこだわった、ひと味違う商品を作っています。当然Aさんだって個人商店の品物をほしいのですが、収入が安定しないと買えません。本来、政府はこうした市場原理から地場産業を守る役目があります。政府は何のためにあるのでしょう。日本の国民のため、つまり、中小企業に勤める人や、個人商店や、Ａさんのような非正規雇用者を含めた国民全員のためにあるのです。国は特定の商売を保護する必要はなく、雇用の安定と収入の保証に努めることで結果として多様な産業を守らないといけないのではないでしょうか。外国に目を向けている場合ではないと思います。

資本主義の進行には共同体を破壊する副作用があるのです。地域社会もその共同体の１つです。多国籍企業か、それに匹敵する巨大資本でなければ、本来この競争には入れません。巨大資本でなくては競争に負け、生き残っていけないという現実がありますし、何よりも人々の認識がそうなっています。グローバル化は良いことだけではないようです。

第3章

GDPの数字マジックに頼ってはいけない

1

ＧＤＰは経済指標になるのか

日本はいまだ経済大国の扱いを受けているようです。借金がものすごく多いわりには、いろいろな国に援助の借款をしているようです。日本の企業も多くの国の企業に出資しています。本来国が抱えている借金を、国民や企業の借金だと思うこと自体がおかしいかもしれません。日本の国というと、国民、企業、政府と全部混ぜて考えてしまいます。しかし、ここで日本の借金と言っているのは日本政府の作った借金で、実は国民の借金ではありません。それを国民の借金と思うのはいかがなものでしょうか。

国が赤字ということは、その時点に政権をとっていた政府の責任です。ならば、政府がそれを埋めるように政策を打たなければなりません。または、財政が赤字で、それが前の政権の責任ならば、次の政府はそれをなくすように努力しなければなりません。単純に国民や財界に責任を転嫁するのは間違いです。そうは言っても、政策と経済は切り離せませんから、政府の赤字会計や企業が被った株損の救済を国全体で何とかすることになります。すると財源は、国債か税金しかないでしょう。バブル経済でも株や土地に手を出さなかった賢い方々がいます。その人たちも、バブルが弾けたときには、失政の責任や企業の資金運用の失敗を押しつけられます。払った税金を使って、経済を安定させる手伝いをさせられます。

バブルのときは、こんなに土地が高くていいのかとか、マンションが高騰するとか、いろんなおかしなことが起こっていました。しかし、なかなかそれがおかしいと勇気を持って言うのは難しいでしょう。土地が高くなってくれればさらに儲けられます。株が高くなってくればさらに儲けられます。高い状況が続いて欲しいという願望が、高くなり続けると変な自信になってしまいます。そして、いつかそれは崩れます。

そういうことが起きないように、経済の状態を表す数字があるはずですが、なかなか数字はうまく使えません。数字があっても自分の都合の良いように、勝手に解釈してしまう人が多いのです。この人たちが、企業の上の人間だったり、政府や官僚だったりするので始末が悪いのです。

数字を見るときには、その数値が何を調べたものなのかを知っていなければなりません。そこで、よく使われる経済の数字の意味を考えてみましょう。

国にも企業と同じように、赤字や黒字があります。日本は真っ赤です。１０００兆円を超えています。ところが、日本の経済はまだまだ強いといわれ、いろいろな国に援助をしています。なぜそんなことができるのか。また、それができる根拠は何でしょうか。その1つが、国内総生産と呼ばれる数字です。日本はこれが高い水準にあると思われています。２０１５年にはアメリカ、中国、日本の順で世界第3位です。日本の国内総生産は、５００兆円を超えています。この国内総生産という数字は何を表しているのでしょうか。国内総生産はふつうＧＤＰという頭文字で表します。Gross Domestic Product という英語の頭文字です。この数値は、国の経済状態を調べるときに一番大切な数字だといわれています。経済状況を表す数値の王様といわれることもあります。このＧＤＰには、「名目ＧＤＰ」と呼ばれる数値と「実質ＧＤＰ」と呼ばれる数値の２つがあります。

最初に、名目ＧＤＰについて考えてみます。この国内総生産ということばより、私は国民総生産ということばになじみがありました。

国民総生産ということばは、ＧＮＰ：Gross National Product という英語の頭文字です。私が子供の頃の教科書には、ＧＮＰ国民総生産ということばがよく使われていました。現在は国の経済状態を表す数字としては、ＧＤＰ国内総生産が主に使われています。ＧＮＰは現在では、国民総所得（ＧＮＩ）という、ＧＮＰとほとんど同じことを表す指標として残っています。

GDPとGNPということばの意味を説明するためには、「付加価値」ということばの説明をしないといけません。これが少しやっかいなのです。

何か製品を作って売りたいと思ったときには、原材料を仕入れないといけません。原材料を仕入れて、それを加工したりして手を加えることによって、完成製品を売ることになります。買った原材料費に、加工をしたときの費用を上乗せして製品の値段にします。原材料費に上乗せすることを「付加価値を付ける」という言い方をします。

たとえば、付加価値を付けるときに、従業員の給与はどこに入るのでしょうか。これは原価、すなわち原材料費に入ります。また、従業員の給与は損失に回すこともできます。取締役の給与は損失に回すことができません。利益の分配が取締役の給与です。従業員の給与とは扱いが異なります。会計上は細かい決まりがたくさんあります。ですから従業員や取締役などのことは考えずに、簡単な例で付加価値の説明をしましょう。

たとえば、箪笥を作って売るときのことを考えましょう。最初に木こりさんが木材を切り出します。切り出す人件費や、成形する作業の経費などを木の付加価値として、切り出す費用に乗せて、出荷する値段を決めます。箪笥を作る家具工場はこの付加価値が付いた木材を買います。家具工場はこの木材で箪笥を作ることで、木材を箪笥にした付加価値を付けました。その付加価値を木材に付いていた付加価値に上乗せして、箪笥の値段を決めて売ります。こうして箪笥を売るときには、原材料の木材に付いた付加価値と家具工場が箪笥を作ってつけた付加価値と一緒に、箪笥の値段がつけられ、最終段階の製品として売られます。この最終段階の製品を最終財、途中の原材料を中間財と呼びましょう。最終財の値段に数量をかけます。箪笥の場合は、日本全体の箪笥の生産量に値段をかけて、それをすべて足し合わせます。さらに、箪笥以外のすべての製品やサービス（これらはすべて最終財です）についても同じように足し合わせます。こうして、付加価値の総額を足し合わせると名目GDPになります。

ですから、名目GDPを求めるときには、中間財の付加価値は入れません。最終財の値段の中に、中間財の付加価値は入ってしまっています。中間財の値段は名目GDPを計算するときには入れてはいけません。二重に足したことになってしまいますから。名目GDPはそのときの物価のまま計算します。実質GDPは物価変動を考えて計算します。この違いについては、次の節で説明しましょう。これからの文章の中で、名目と実質を特に断らずGDPと書いてある場合は、GDPの一般的な考え方や性質を説明しています。

GDPの計算は非常に細かく、現実の数値を調べるのは大変です。1つの製品でも中間財になる場合も、最終財になる場合もあるからです。たとえば、スーパーマーケットで片栗粉を買うとします。家庭で鶏の竜田揚げを作るなら、この片栗粉は最終財です。ところが、焼鳥屋さんが買って、竜田揚げにしてお店で売ったときには、この片栗粉は中間財です。ですから、内閣府経済社会総合研究所がGDPを計算するときは、1つの製品について、中間財と最終財に分ける比率をかけて計算します。

簡単に言ってしまうと、GDPは一定期間に日本の中で生産された商品やサービスの付加価値を足し合わせた数字です。ただし、その付加価値を計算するためには、最終財の数と値段をかけ合わせた金額の総和にしないといけません。日本全体でこの計算を正確にするのは不可能に近いことです。それで、できるだけ正確に計算するように工夫をしているわけです。GDPは内閣府経済社会研究所が計算しています。1年ごとの数字と1年を4つに分けた四半期ごとに発表しています。

GNP、国民総生産についても考えてみましょう。GNPということばは、一定期間内に国民によって生産された商品やサービスの付加価値を足し合わせた数字です。どの国についても計算できます。

GNPの計算のときに使う国民ということばは、日本国内に住んでいる人と企業のような組織を意味しています。日本国内に住んでいる人とは6ヶ月以上住んでいる人を表していて、国籍は関係ありません。

国の現実的な経済状態を表す数字として、GNPよりGDPが適していると考えられるようになったのは、次のような理由があります。

ＧＮＰには、対外投資などで海外での生産によって得られた収入なども含まれています。国内での経済活動で得られた報酬以外のものが入っているわけです。この数字が小さいときにはかまわないのですが、１９８０年代あたりから外国投資での活動が増えていて、国内の生産を正確に把握するには適さないのではないかと考えられるようになりました。そこで日本では、経済指標として１９９３年からＧＤＰが使われるようになりました。

ＧＤＰは5年に一度、計算方法が見直されます。ＧＤＰを正確に計算するための見直しです。国際基準もありますが、それぞれの国で違った計算をしている部分もあります。見直しはそのときの政府に都合の良いように変わることもあるので、どのように変わるか注意する必要があります。ＧＤＰは国の経済を表す数値の王様といわれています。計算方法が決まっているので、国の間での比較も可能とされています。ですが、企業の研究開発費をＧＤＰに入れる国もあれば、軍事費をＧＤＰに入れる国もあります。日本は軍事費をＧＤＰに入れていません。企業の研究開発費もＧＤＰに入れませんでした。もしかすると今後は入れるようになるかもしれません。そうすればＧＤＰが上がるからです。しかし、政府がＧＤＰを上げようと思っても、そのぐらいのことでは思ったようには上がらないでしょう。

数値というものは、どの数値でも同じですが、ある時点での現実の1つの面を表しています。現実を調べるためには、いろいろな方向から測った数値を調べる必要があります。ＧＤＰについても同様です。付加価値の全体は作ったものの総計ですから、必ずしも売れたものの全体ではありません。売れないものは在庫として残っています。経理の上では来年への投資と考えて計算します。しかし、在庫が売れなければ不良在庫になります。これは企業の損失であって、利益にはなりません。「最終財の値段×個数」がすべて売れるわけではないのです。名目GDPが上がったからといって、それだけで景気が良くなったと考えられるわけではありません。まして、名目GDPが上がったからといって給与が上がるかどうかはまったくわかりません。19世紀末から20世紀末までは、名目GDPが上がるとほぼ給与も上がっていたと考えてよいでしょう。しかし、20世紀末からは、名目GDPが上がっても給与が下がってしまうという現象が起こっています。投資家に対する配当を増やすように企業に圧力がかかり、給与が最初に切り捨てられているのです。

GDPは経済指標の1つにすぎません。それが経済の状態をすべて表しているわけではありません。GDPが増えたからといって生活が楽になるとは限らないのです。

2 名目ＧＤＰと実質ＧＤＰ

同じ金額を持っていても多く買えるときと、少ない数しか買えないときがあります。ある商品の売上げが同じでも、売れた数は同じかどうかわかりません。商品の売上げが高くても、売れた数が少ない場合もあります。もちろん、逆の場合も起こります。商品の売上げが少なくなっても、たくさん売れていることもあります。これは、ディスカウントしすぎたときに起こります。ファストフード店や牛丼チェーンなどで、単価を安くして売上げが上がったとか下がったとか、よく報道されています。

ＧＤＰの計算には商品やサービスの値段が関係しています。簡単に言ってしまえば、ＧＤＰは「最終財の値段×個数」ですから、同じ値段なら個数が増えれば増えますし、値段が上がれば個数が同じでも増えます。生産する側から見た場合、生産個数が増えていれば需要が増えていると考えることもできます。もちろん、必ずしもそうではありません。作りすぎということもありますから。しかし、生産側、供給側から見たときに、出荷の個数が増えることは、基本的には良いことでしょう。

それから、もう1つ大切なことがあります。GDPは1年間で計算する数値です。この年はこれだけのGDPを作りましたよ、という数字です。資産のようにも見えますが、実際には作り出した商品やサービスはどんどん消費されていきます。GDPは物理で使う速度のようなものです。ですから固定資産のような財と比較するときには、どのように比較しているのかを十分に注意しなければなりません。速度のGDPと固定された資産とは、もともと比較できません。会社が大きくなっていけばGDPも資産も増えます。しかしGDPが増えるか減るかは、そのときの社会情勢に依存しています。会社の規模が大きくなったから前年よりも売上げが増えて当たり前だという前提には根拠がありません。

物価によって数字が変わるGDPには2種類の計算方法があります。それが名目GDPと実質GDPです。物価による変化をそのままにして計算するのが名目GDPです。物価の変化を差し引いて計算するのが実質GDPです。GDPは、商品やサービスの価格をもとにして計算しますから、物価の変化にGDPが左右されます。それを補正するために実質GDPがあると思えばよいでしょう。このように言うと実質GDPが重要に見えますが、名目GDPも実質G

DPも両方とも意味があります。使う場所が違うのです。

それでは、名目GDPと実質GDPを簡単な例で計算してみましょう。

A国が1年間で5万円のテーブルセットを10個、1万円の椅子を10個生産しているとします。こんな国はありませんが、簡単な例で考える方が本当の姿がわかります。簡単な例でも込み入った場合でも、計算の大切なところは変わりません。ただし、簡単な例だけでは、現実に起こっている複雑な経済の動き全部はわかりませんので、注意しないといけません。

ある年の（この年を1年目とします）A国の名目GDPを計算してみましょう。

テーブルセットについて

5万円×10個＝50万円

椅子については

1万円×10個＝10万円

という計算になります。この2つの計算結果の合計でA国のGDPは60万円となります。

次の年（2年目とします）に、A国ではテーブルセットが6万円に値上がりして、個数は12個生産したとします。椅子は1万円のままで、生産数も1年目と同じ10個だったとします。

2年目のA国での名目GDPを計算してみましょう。

テーブルセットについて

6万円×12個＝72万円

椅子については1年目と同じですから

1万円×10個＝10万円

となります。この結果を足し合わせると、2年目のA国の名目GDPは82万円です。

今度は実質GDPを計算してみましょう。実質GDPは物価の変化を除きます。変化を除くということは、どこかの年を基準の年にして、その年の物価で計算をするわけです。その年から物価が変わっていないと考えることになります。先ほど決めた1年目を基準にしましょう。

1年目が基準年ですから、A国の名目GDPと実質GDPが変わるのは、2年目からになります。それでは、A国の2年目の実質GDPを計算してみましょう。

テーブルセットの値上がり分は考えず、値段を5万円として計算します。

5万円×12個＝60万円

これが、物価の変化を入れずに計算するということです。5万円から6万円に値上がりした効果をGDPの中に入れないわけです。

椅子については値上がりをしていませんから、1年目と同じ計算になります。

1万円×10個＝10万円

テーブルセットと椅子を足し合わせて、A国の2年目の実質GDPは70万円になります。

それでは、値上がりがあって、個数が変化していない場合を考えてみましょう。2年目のテーブルセットの生産数が1年目と変わらず10個で、値段が6万円に値上がりしたとします。この場合のA国の2年目の名目GDPを計算してみましょう。

テーブルセットについて

6万円×10個＝60万円

椅子については1年目と同じですから

1万円×10個＝10万円

この計算結果からA国の2年目の名目GDPは70万円になります。

A国の2年目の実質GDPを計算してみましょう。

テーブルセットについては、値上がりを無視して1セット5万円で計算します。

5万円×10個＝50万円

椅子については1年目と同じですから

1万円×10個＝10万円

この計算結果からA国の2年目の実質GDPは60万円になります。

名目GDPは70万円に変わりますが、実質GDPは1年目と同じ60万円です。このように、実質GDPは値段の変化は考えず、売れた個数の変化だけが反映される数字です。

この性質を使うと、インフレかデフレかを判断するための数値を作ることができます。実質ＧＤＰは個数だけに関係します。名目ＧＤＰは個数と値段に関係します。両方とも個数には関係していますが、実質ＧＤＰは値段には関係しません。そこで、名目ＧＤＰを実質ＧＤＰで割った答えは、値段だけに関係した数字になります。この数字は、商品やサービスの値段の変化を表します。物価が上がっているか、下がっているかがわかる数字です。この数字をＧＤＰデフレーターと呼んでいます。

ＧＤＰデフレーター＝名目ＧＤＰ÷実質ＧＤＰ

先ほどのA国についてＧＤＰデフレーターを計算してみましょう。最初の物価も生産量もともに増加している場合の例を使います。

名目ＧＤＰ＝82万円

実質ＧＤＰ＝70万円

82万÷70万円＝1・1714…となりますから、1より大きくなります。ですから、物価は上昇している（インフレーション）ということがわかります。この数字をＧＤＰデフレーターと呼び、％で表すこともあります。今の例ですと、１１７％くらいの値になります。％は割り算の答えに１００をかければ求められます。デフレーターが1（１００％）より小さいと、物価が下がっていること（デフレーション）がわかります。

日本がデフレ傾向であると言われ続けていたのは、このＧＤＰデフレーターが１（１００％）より小さいからです。２００５年に１（１００％）になって以来、２０１５年までは毎年１（１００％）より小さくなっています。

GDP デフレーターの推移
（2015 年は速報値）
（%）

年	GDP デフレーター
2005	100.00
2006	98.88
2007	97.96
2008	96.72
2009	96.23
2010	94.15
2011	92.41
2012	91.55
2013	91.04
2014	92.57
2015	94.03

この表の最後の部分は、日銀が円をかなり刷っている時期です。いくら日銀が円を刷っても物価が上がらないのは、お金を市場に増やすことと、物価を決める要素とが本質的に違うからです。物価は需要と供給によって決まりますから、買う人が増えるか、ものすごく品薄にならないと、物価は上がりません。

ＧＤＰに話を戻しましょう。名目ＧＤＰは、先ほどの計算を見てもわかるように、

1、生産量が増えると上がる。

2、物価が上昇すると上がる。

という2つの性質があります。

GDPデフレーターが1（100％）より小さい、すなわち、名目GDPが実質GDPより小さいということは何を表しているでしょうか。たとえ生産量が増えていても、それを買える経済力が消費者にないという可能性があります。

物価が下がるときは、物が買いやすくなります。しかし、消費者に使うお金がないから買い控えるといったことが原因で物価が下がる場合には、人の生活が経済的に疲弊していることになります。物が買いやすくなっても購買力を伴わないので、思ったほど売れません。物が売れないので売上げが上がらず、企業の業績が伸びません。業績が伸びないと、給与も上がらず、さらに消費者の購買力は伸びません。

GDPが上がるだけでは必ずしも給与は上がらないことは、前の節で書きました。逆に、給与が上がればGDPも自然と上がることが、GDPの計算式からわかります。購買力の増加を意味するからです。経済が元気になるためには、世帯の購買力を上げるような方法をとらないといけません。まずは給与を上げるための工夫が必要でしょう。

3
無限に続く経済成長という幻想

国の経済が元気かどうかは、物がどれだけ動いているかから感じ取れるでしょう。どれだけ商品を作ったか、どれだけその商品が売れたか。たくさん売れるということは、消費者が買っているということですから、消費者に力があるということです。もちろん、消費者に買う力があって、生産する会社にもそれに対応する力がなければなりません。工場が小さければ、設備投資をして工場を広げます。このような経済活動を数値に表すと、国の経済が元気かどうかわかります。

この目的に一番良い数字がＧＤＰなのです。ＧＤＰはその国がどのくらいの生産活動ができたかを表そうとする数字です。国が作り出した付加価値全体の推計値ですから、理論的には経済規模の推計値に使うことができます。

さらに、前の年のＧＤＰと今年のＧＤＰを比較すると、国の経済規模がどのくらい大きくなったか、または、どのくらい小さくなったかがわかります。前の年のＧＤＰと今年のＧＤＰを比べて、その変化を％で表して経済成長率と呼びます。

ＧＤＰが増えた割合を経済成長率という説明をすることもあります。ＧＤＰはいつも増えるわけではありません。減ることもありますから、そのときはマイナスの数字になります。

経済成長率をかんたんな例で計算してみましょう。

◆去年のＧＤＰが500兆円で、今年のＧＤＰが510兆円だったとします。今年のＧＤＰから去年のＧＤＰを引くと10兆円です。この差を去年のＧＤＰで割ると

$$(510 - 500) \div 500 = 0.02$$

になります。％にしますから、100をかけて

$$0.02 \times 100 = 2$$

この場合は２％の経済成長率になります。

◆去年のＧＤＰが500兆円で、今年のＧＤＰが490兆円だったとします。今年のＧＤＰから去年のＧＤＰを引くと－10兆円です。この差を去年のＧＤＰで割ると

$$(490 - 500) \div 500 = -0.02$$

になります。100をかけて、この場合は－２％の経済成長率になります。

この計算を公式にすると、経済成長率の計算方法は次のようになります。

経済成長率＝（今年のＧＤＰ－去年のＧＤＰ）÷去年のＧＤＰ×１００

経済成長率を1年単位で計算すると期間が長すぎて、いま何が起こっているかがわかりません。そこで、1年を３ヶ月ずつ４つの期間に分ける計算方法があります。４つに分けたそれぞれの期間を四半期と呼びます。この呼び方は、経済成長率だけに使うわけではありません。国や企業のいろいろな統計数値をこの四半期で計算することがあります。新聞などでもよく使われることばです。たとえば、４月１日〜３月31日が会計に関する1年である場合には、４月から６月が第１四半期、７月から９月が第２四半期、10月から12月が第３四半期、１月から３月が第４四半期です。

経済成長率をこの四半期で計算する場合は、前の四半期のＧＤＰと今の四半期のＧＤＰを比較したり、昨年の同じ時期の四半期のＧＤＰと今年の同じ時期のＧＤＰを比較することもできます。四半期を使う経済成長率の計算の方法は、１年で経済成長率を計算する方法と同じように計算できます。

経済成長率は高度経済成長期（１９５４年から１９７３年）には10％を超える年が続くこともありました。毎年10％の経済成長率で、どのくらい経済が拡大していくかを簡単に計算してみましょう。経済成長率が10%ということは、前の年に比べて今年の経済規模が1割増えたということです。前年比で1・1倍になったことになります。これを繰り返していくと、次のように1・1を何度もかけることになります。

$1.1^2=1.21$
$1.1^3=1.331$
$1.1^4=1.4641$
$1.1^5=1.6105\cdots$
……
$1.1^{10}=2.5937\cdots$

わずか4年で約5割増の数字になり、10年で2・5倍を超える経済規模に成長することになります。これは少し異常な状態です。戦後、東京が焼け野原だった時点からの成長だからこそ可能であったのでしょう。もちろん、それが可能だったということは、そのような高い経済成長率をもたらす政策と、日本の制度と、世界の状況が幸運にもそろっていたのでしょう。

ところで、数字を扱うときに、1・5倍になったとか、2倍になったとかいうことがよく聞かれます。この「倍」ということばには注意しないといけません。高校の数学で習う等比数列を覚えていらっしゃる方も多いかと思います。倍、倍に増えているということは、実はすごい増え方です。数を並べてみましょう。

1、2、4、8、16、32、64、128、256……

数だけを見ると、それほどでもないと思われるかもしれません。それでは、この例はどうでしょうか。最初に工場が1棟あった町に、1年で工場が2棟になりましたと聞くと、頑張ったねというような感じです。ところが、ある町に工場が16棟ありましたが、1年で32棟になりましたと聞いたらどうでしょう。すごいというより異常な感じを受けます。廃液や煤煙を出さないような工場ならまだしも、周りに影響を及ぼさない生産は非常に難しいでしょう。16棟の工場を32棟にするのは環境を整える施設を作るだけでも大変です。1を2倍したら2で、1しか増えていません。しかし16を2倍したら32で、16増えています。単に2倍と言っても、もとの数がどれだけあったのかにより状況はまったく違います。戦後の経済規模をもとにすれば、10年で2・5倍を実現するのは可能だったかもしれません。しかし、現在の経済規模で、10年で2・5倍の経済規模に成長させるのは不可能でしょう。人口も減少して、経済規模は横ばいがやっとの状態です。

高度経済成長期と呼ばれる時期にも、経済が落ち込んだときはありました。そのときには有名な会社が倒産したり、危なくなった事件が起きています。順調すぎる成長には、どこか必ず無理があるのでしょう。

高度経済成長期の次に経済成長率が高い時期が続いたのは、平成バブル期（１９８０年代後半から１９９０年代初頭）の６％ぐらいでしょうか。その後は良くても２％ぐらいの経済成長率です。２％でも上々でしょう。個人的な意見としては、これでも高いと思います。

それでは、平成バブル期のように成長率６％のときにはどのぐらいの速さで経済規模が拡大するかを計算してみましょう。６％は０・０６ですから、毎年、経済規模が１・０６倍になります。前年の１・０６倍になりますから、１・０６を繰り返しかければ次のようになります。

$$1.06^2=1.1236$$
$$1.06^3=1.1910\cdots$$
$$1.06^4=1.2624\cdots$$
$$1.06^5=1.3382\cdots$$
$$\vdots$$
$$1.06^7=1.5036\cdots$$
$$\vdots$$
$$1.06^{10}=1.7908\cdots$$

７年経つと１・５倍になります。こんな単純な計算はおかしいですが、16棟の工場が24棟に増える状態です。銀行預金や郵便貯金の金利が６％とか７％もあった時代を覚えています。６～７年預けると１・５倍になりました。20万円が30万円ですから、大きな利息です。しかし、このような時期には物価も上がりますから、10万円の利子を10万円として使えるわけではありません。現在の30万円は、以前の20万円と同じくらいの価値と考える方が現実的です。

しかも経済成長率が高くても、必ずしも生活実感が良くなるとは限りません。繰り返しになりますが、そこには利益の分配の問題があります。

次の表を見てください。現在の経済成長率は良くても数％です。悪いときにはマイナス成長になっています。

年	経済成長率
2010	4.71
2011	－0.45
2012	1.74
2013	1.59
2014	－0.10
2015	0.59

$1.02^2=1.0404$

$1.02^3=1.0612\cdots$

$1.02^4=1.0824\cdots$

$1.02^5=1.1040\cdots$

……

$1.02^{10}=1.2189\cdots$

ここで使っている経済成長率は実質経済成長率といわれるもので、実質ＧＤＰから計算します。

良くても数％の経済成長率で、どのくらい経済規模が拡大するか、前と同じ計算をしてみます。２％の経済成長率を続けるのは大変ですが、２％の経済成長率があったとします。10年後には、現在と比べてどのくらいの経済規模になっているでしょう。

10年で20％ほど経済規模が大きくなっていることになります。５００兆円のＧＤＰが６００兆円になる計算です。これでもすごい数字です。10棟ある工場が12棟になっています。この考え方が単純すぎることは確かです。工場の生産性が高くなって、生産能力が上がれば、工場を増やす必要はありません。しかし、このときにもやはり設備投資をしているはずです。12棟の工場でできることを、10棟の工場でできるように投資をしたことになります。これも大変なことです。人口が減少した少子高齢社会で経済規模を拡大するために需要を増やすこと自体が至難の業です。GDPの増大を追い求めなくても、国民が幸せを感じる構造になるように、社会が変わっていく必要があるでしょう。

２０１５年で日本のGDPはおおよそ５００兆円以上あるといわれています。個人が作り出すGDPが約6割で、企業などが作り出すGDPが約３割を占めているそうです。このような数字を考えるときに、国民一人当たりのGDPは約４００万円になるというようなことがいわれます。しかし、果たしてこの数字にどんな意味があるのでしょうか。国民一人当たりのGDPが高ければ、皆さんが頑張って働いた結果、このような高い数字になったと考えることができます。効率よく働いていることがわかるかもしれません。しかし、一人ひとりが働いて作り上げたのではなく、大きな企業だけが作り出しているかもしれません。または、小さな企業が頑張っているのかもしれません。そして、計算上は一人当たりのGDPがどれだけあっても、実際に一人ひとりにそのお金が入ってくるわけではありません。

GDPが高くなっていても、世帯が使えるお金が増えなければ、生活は楽にはなりません。一人当たりのGDPが高くなっても、給与所得が高くなっているかどうかわかりません。

経済状態を考えるときには、１つの数字だけをただ１つの方向から見ても、本当の状態はわかりません。いつでもいろいろな数字を見比べる必要があります。そのためにも注意しなければならないことがあります。

この節では、経済成長率とＧＤＰということばを使ってきました。ＧＤＰに名目と実質の両方がありました。ということは、経済成長率にも、名目と実質の両方があるはずです。次の節では、名目と実質の経済成長率についてお話ししましょう。

4 名目経済成長率と実質経済成長率

経済成長率はＧＤＰが増えているか減っているかを調べる比率です。ＧＤＰには物価の変化を入れたまま計算した名目ＧＤＰと、物価の変化を除いた実質ＧＤＰがありました。ですから、経済成長率についても、物価の変化を含んでいる名目経済成長率と、物価の変化を除いて考える実質経済成長率の２つがあります。

それでは、簡単な例で名目経済成長率と実質経済成長率の計算をしてみましょう。前に使った例よりもっと簡単な例にしましょう。１つの製品を作っている国があったとします。テーブルセットを作っているとしましょう。１年目に10万円のテーブルセットを10個作ったとします。この１年目を基準年とします。

１年目のＧＤＰは、

10万円×10個＝１００万円

になります。１年目は名目ＧＤＰも実質ＧＤＰも１００万円です。

２年目にテーブルセットが12万円に値上がりして12個を生産したとします。２年目の名目ＧＤＰは

名目ＧＤＰ　12万円×12個＝１４４万円

になります。実質ＧＤＰは物価の変化を除いて考えますから、テーブルセットの値段は基準年と同じ10万円です。それで実質ＧＤＰは

実質ＧＤＰ　10万円×12個＝１２０万円

となります。

次に経済成長率を計算しましょう。名目経済成長率は名目ＧＤＰの変化を調べます。実質経済成長率は、実質ＧＤＰの変化を調べます。

経済成長率の計算式は、前の節で説明したとおり、次の式です。

経済成長率＝（今年のＧＤＰ－去年のＧＤＰ）÷去年のＧＤＰ×１００

この式の中のＧＤＰのところを名目ＧＤＰにすれば名目経済成長率が計算できますし、式の中のＧＤＰを実質ＧＤＰにすれば実質経済成長率が計算できるわけです。

それでは、先ほどの例で名目経済成長率と実質経済成長率を計算してみましょう。

名目経済成長率　（１４４万円－１００万円）÷１００万円＝０・４４

％に直すために１００をかけて44％になります。

実質経済成長率　（１２０万円－１００万円）÷１００万円＝０・2

％に直すために１００をかけて20％になります。

名目と実質の違いは物価の変化を入れるか入れないかの違いです。物価の変化も経済成長率とともに考えることは、国の経済状態を考えるときに、とても大切なことです。物価の上がり下がりは、直接毎日の生活に響きます。経済成長率が良い数値を出していても、物価の上昇に見合っただけ給与が上がっていないと生活は苦しくなります。

この章の2節で説明したように、物価の変化はＧＤＰデフレーターを使うとわかります。この例でもＧＤＰデフレーターを計算してみましょう。

ＧＤＰデフレーター＝名目ＧＤＰ÷実質ＧＤＰ

でしたから、この例でＧＤＰデフレーターを計算すると、

１４４÷１２０＝１・２

となります。

この例で物価について考えてみましょう。実質ＧＤＰは物価の変化に左右されません。名目ＧＤＰは物価の変化に左右されます。ということは、実質ＧＤＰと名目ＧＤＰの違いは、生産個数から来るものではなく、物価の変化から起きることです。実質ＧＤＰと名目ＧＤＰの比較をしているＧＤＰデフレーターの値は、物価が上がったか下がったかで変化します。

ＧＤＰデフレーター＝１

ならば、物価は変化していません。

ＧＤＰデフレーター＞１

ならば物価が上がっていますから、インフレーション（インフレ）です。

ＧＤＰデフレーター＜１

		テーブルセット	椅子	名目・実質GDP
1年目	名目	5×10＝50万円	1×10＝10万円	60万円
	実質	5×10＝50万円	1×10＝10万円	60万円
2年目	名目	6×12＝72万円	1×10＝10万円	82万円
	実質	5×12＝60万円	1×10＝10万円	70万円

ならば物価が下がっていますから、デフレーション（デフレ）です。

このように、ＧＤＰデフレーターから物価の上がり下がりがわかります。ＧＤＰデフレーターから1を引いた値を物価上昇率と呼んでいます。この例では、ＧＤＰデフレーターから1を引くと0・2になりますから、物価上昇率は％で表して20％になります。

それではもう1つ例を使って計算してみましょう。2節の例を使いましょう。

Ａ国が1年間で5万円のテーブルセットを10個、1万円の椅子を10個生産していました。次の年（2年目と呼びましょう）に、Ａ国ではテーブルセットが6万円に値上がりして、個数は12個生産しました。椅子は1万円のままの値段で、生産数も1年目と同じ10個でした。

Ａ国の名目ＧＤＰと実質ＧＤＰの計算を表にすると、上のようになります。この例で名目経済成長率と実質経済成長率を計算してみましょう。
名目経済成長率は名目GDPの変化ですから、
（82万円－60万円）÷60万円＝0・367
になります。％にすると36・7％です。
実質経済成長率は実質GDPの変化ですから、
（70万円－60万円）÷60万円＝0・167
になります。％にすると16・7％です。

この例についてGDPデフレーターを計算してみます。

GDPデフレーターは、名目GDP（82万円）÷実質GDP（70万円）ですから、名目GDP＝82万円、実質GDP＝70万円で、
82万÷70万円＝1・171……

となりました。1より大きいですから、物価は上昇しています。GDPデフレーターから1を引いた数字が物価上昇率ですから、このA国の物価上昇率は0・171、％に直して17・1％です。

名目経済成長率と実質経済成長率の違いは物価の変化の割合です。ですから、簡単に考える

と名目経済成長率と実質経済成長率の違いは、物価上昇率ということになります。
式にすると

名目経済成長率 ＝ 実質経済成長率 ＋ 物価上昇率

または、

実質経済成長率 ＝ 名目経済成長率 － 物価上昇率

と表すことができます。この式は、おおざっぱな式です。成長率が大きすぎるときには、この式のずれも大きくなります。

最初の例でこの式を確かめてみましょう。

先ほど計算した、それぞれの数字を入れてみると

名目経済成長率（44％）＝ 実質経済成長率（20％）＋ 物価上昇率（20％）となります。誤差が４％もありますが、これは、経済成長率が大きすぎるからです。40％以上の経済成長率は現実的ではありません。

それではA国の場合はどうでしょうか。

名目経済成長率（３６・７％）＝ 実質経済成長率（１６・７％）＋ 物価上昇率（17％）となります。

左辺は３６・７％で、右辺は３３・７％ですから、先ほどより誤差は小さくなっています。Ａ国の例の方が成長率が小さいですから、式の誤差も小さくなっています。

実際の経済成長率はこれらの例ほど大きくありませんから、名目経済成長率と実質経済成長率の違いが物価上昇率で表されるという式は、ほぼ成立しています。

物価を考える場合に、物価上昇率を考えるときと、消費者物価指数という数字を考えるときがあります。ＧＤＰデフレーターは物価の動きを知るために計算する数値です。１を引くと物価上昇率でした。ＧＤＰデフレーターは、その数値の中に、消費、設備投資、住宅投資、公共投資、輸出などのデータを集めて計算します。消費だけでなく投資なども含んだ数値です。考え方として経済全体の物価の動きを表しているということが建前の数字です。経済の動き全体を正確に調べることは不可能ですから、なるべく正確な推定値を作っています。

消費者物価指数はどうでしょうか。この数字は生活に密着した品物の値段の上下を考えます。個人消費に限った商品の物価の動きを調べています。スーパーマーケットに並ぶ品物の物価などが入ります。ですから消費者物価指数は、名目経済成長率と実質経済成長率の違いを表すことはできません。経済成長率はＧＤＰをもとにしていますから、消費者物価指数が扱う物品より、もっと広い価値を扱っています。

このように、経済を表す数字には、性質の違ういろいろな数字があります。新聞には毎日のように数字が出てきます。この数字を見たときに注意しなければいけないことは、数字はすべてを表すことができないということです。たいていの本には、実質GDPが名目GDPより大切ですと書いてありますが。実質経済成長率のほうが名目経済成長率より大切ですと書いてあります。その理由は、実質は物価に影響されず、生産の個数に左右される数字だからです。生産が実際に増えていると、実質GDPは増えるわけです。実際に経済がうまくいっていれば生産する個数が上がっているはずです。値段だけ上がって、生産個数が上がっていないということは、経済活動としてあまり感心しません。生産が需要に追い付かないわけですから、何か歪みがあることになります。それが続くようなら、工場を大きくするなどの設備投資ができない理由があることになります。

また、生産個数が増えず、円安だけで利益が上がっているような場合も困ります。それは、ノート上で数字が増えているだけですから、本当に経済が広がっているわけではありません。実際に売れれば生産個数は増えていきます。それが、経済が大きくなっていることを表しています。しかし、現在のように人口が減っていく場合では、なかなか売れる個数が増えることは期待できません。そこで、売れる個数が増えなくても、どのようにすれば経済が健全に回っていくかを考えなくてはいけません。

別の方向から見てみると、名目GDPが大切なこともあります。現実の世界を見てください。

私たちがスーパーマーケットで買い物をするときに実際に払うのは、現在のお金です。物価変動を差し引いた代金を支払ったりしません。私たちは名目ＧＤＰの中で生きています。つまり生活実感は名目ＧＤＰにあります。「物価上昇率よりも給料は上がっているから、生活が楽になっている」、そんなことを言われても、本当に上がっているのはスーパーマーケットの商品だけのような気がすることもあります。それでも楽になっているはずだといわれても、実際に食品が安くなっていなければ、生活が楽になった実感はないし、現実に楽になっているかどうかわかりません。円安で輸入食品が値上がりしているのに、もらえる給与が円安の恩恵にあずかっていなければ、生活は楽にはなっていません。一部の企業の給与が上がっているだけでは、それ以外の皆さんは苦しいのです。

もう１つ、名目ＧＤＰの影響を受けるというか、実際に名目ＧＤＰ自体に左右されるのは税金です。税金は、今現在稼いだお金にかかってきます。その税金で政府が予算を組むわけです。政府の予算を左右するのは、やはり名目ＧＤＰの方です。

このように数字には得意不得意があります。いつでもこの数字だけが大事などということはありません。

5 元気な会社を表す数字

会社が元気かどうかを数字で表すのは、なかなか難しいことです。日経新聞が会社の寿命は30年などということを書いたのは１９８３年だったと思います。会社の寿命を企業が繁栄を謳歌できる期間に限るという、わけのわからない決めごとをしていたようです。こつこつと５００年続いている企業は墓場の中から出てきた幽霊になってしまうのでしょうか。笑えます。今でもこういうことばが跋扈《ばっこ》しているのが、経済の世界です。会社が元気であるためには、ビルが大きくなる必要はないし、利益が増える必要もありません。そもそも、会社が元気ということばは、定義するのが難しすぎます。人間と同じようにいろいろな元気があります。１つの病気と付き合って死ぬまで幸せな方がいらっしゃいます。会社が元気なのは、そこに関わっている方々が、皆さんそこそこ幸せだということでしょう。繁栄を謳歌する必要などないのです。

成長をしていないと元気でないという考え方じたいが、すでに古くなっています。社会経済がいつまでも成長を続けることができると信じていることが不思議です。安定していつも同じ利益を上げている会社もあれば、少しずつ小さくなってはいるが、従業員への給与は物価に見合った金額が払える会社もあります。このようなことができる会社が強い会社です。いつでも同じことをしていてはこのようなことはできません。社会は変わりますから、それに対応していかないと同じことを続けることができません。同じように見えても、工夫をしていかないといけないということになります。この、工夫ができる人たちの集団は強いです。

会社を大きくするだけが会社を存続させる手段ではありません。余計な利益を上げないという大切な方法もあります。「お客さんに余計なお金は使わせない」という神田っ子の心意気のようなものです。これはやせ我慢ではありません。余計な利益を出して、海を汚した大企業がどれだけあったか、もう日本が忘れてしまった頃でしょう。人に迷惑をかけない程度に自分が儲ける。とてつもなく難しいことです。

そうはいっても、それぞれの世帯にも貯蓄ができる程度の収入がないと困ります。余計な利益は上げないといっても、蓄えは必要です。それをしなければ、いざというときにお金を用意できません。現在、預金額が0である世帯が30%を超えているという事実は、社会が病気にかかっていることを示しています。そのことに気が付かないようでは困ります。このような状態を解消するのも、政府と企業の責任のはずなのですが。

また、預金というと、日本ではほとんどの人が銀行預金を考えます。欧米に比べて資産として株式を購入することが少ないのです。やはりそこには堅実な国民性があると思います。これは悪いことではありません。ところが、あまり堅実すぎると株式市場にお金が入りません。企業は株式市場で自分の会社の株を買ってもらって、資金を調達します。ここで間違えてはいけないのは、株価が上がっても企業にはお金は入ってきません。額面50円の株式を1枚買ってもらえると、企業には資本金が入ってきます。しかし、株式市場で売買される株式取引からは一切企業にお金は入りません。自社株を買っている社員さんが多い場合は、株式市場で株価が上がれば、持っている株の資産価値が上がりますから、良いことには違いありません。株が上がることは、それを持っている企業の資産が上がりますから、その場合は利益をもたらしてくれることは確かです。

そこで、資産として株式を持つなら安全な会社、堅実な会社の株式を買おうとするのは当たり前のことです。もちろん、投機の対象として株式市場を見ている人は、仕手株（株価操作をしやすい株）でも何でも儲けられそうな株を買うでしょう。しかし、資産として持つのであれば、なくなっては困ります。すぐに上がらなくても、少しずつ配当金をもらうとか、株主優待制度を使うとか、いろいろな角度から株式を見る必要があります。それでは、会社の状態を考えるとき、どのような数字があるかを見てみましょう。

企業の成績といっても、それを数値で見るのは難しいことです。いや、そんなことは簡単でしょう、売上げや利益を見ればよいでしょう、とおっしゃる人もいると思います。しかし、企業の規模に対して売上げがどのぐらいあるか、これを比較するのはなかなか難しいのです。大きな会社でも従業員の人数が少なかったり、小さな会社でも取引は大きかったり、いろいろ条件があります。会社の大きさと一口に言っても、いろいろな見方があるわけです。一見高い売上げに見えても、会社の大きさから見ればあまり良い業績ではないこともあります。

典型的な例に、駅の売店があります。とても規模が小さいお店ですが、お菓子とかたばことか新聞とかが飛ぶように売れます。人通りが多いところのお店は、1日の売上げが100万円を超えているそうです。本当は売上げだけで見るのは良くありません。純利益がどれだけあるかも大切です。しかし、確実に利益が決まっている品物を100万円の単位で毎日売り上げるのはすごいことです。

会社の会計で大切なのは純利益です。売上げは高いけれど、いくら働いてもコストがかかって利益があがらず赤字決算などということもあり得るのです。工場を稼働すればするほど、赤字がかさむこともあります。農家で作った野菜が取れすぎて、すべて出荷すると値崩れが起こるというようなこともあります。しかし、いつでも赤字が悪いとはかぎりません。その商品を知ってもらうために、赤字覚悟で売りに出すこともあります。大量生産できるようになればその値段で利益が出るのであれば、売れるようになるための投資と言えます。経営は難しいです。そして、純利益が出たときも、会社の規模によって、それでは少ないとか上出来だとかいう判断をしなければなりません。

会社の経営が適正なのかどうかを比較して知るためには、どのような数値を使うのでしょうか。会社の規模を比較するには、総資産という数値がよく使われます。これは会社が保有する財産の全体です。会社だと資産ということばをよく使うようです。この資産を使って会社は仕事をします。工場とか土地とか建物が会社の資産になります。会社はこれらを使って製品を作ったり、サービスを作り出してGDPを稼ぎ出します。製品を生産するときの、土地とか建物なども総資産の中に入れます。総資産というと、なにか全部自分のもののような響きがあります。ところが、総資産の中には借金も入ります。返さなくてはならない負債も総資産の中に入るということです。負債が大きくて会社の資産も大きな会社は、大きな仕事をしていることになります。たまに負債が返せず、焦げ付いて赤字決算どころか銀行支援になったりするわけですが。

総資産には負債も入っています。ですから、負債が大きい会社は、総資産も大きいことになります。ところが借金が大きいとどうなるでしょう。次の仕事を作って、そのためにお金を借ります。このお金を、作った仕事に使うのではなく、前の仕事の借金の返済に使ってしまう。

これを自転車操業と呼びます。潰れないためには、次々に仕事を作っていかなければなりません。発展しているように見える会社が、途中で倒れる原因にこれがあります。

というわけで、総資産が必ずしも会社が健全かどうかを表しているとはかぎりませんが、1つの判断材料にはなります。総資産と売上げとを比較するとか、総資産と純利益を比較して、どのように資産を有効に使っているかを調べる必要があります。

会社に投資するということは株を買うということですから、会社の価値を判断するには株価から計算した数字を使う場合が多いのは当然でしょう。その方が参考になります。大きな会社でも、株式市場から資金を調達しない会社は株式市場に上場しません。

ここからは、株式市場に上場している会社のお話です。

会社を、発行株式とその値段から判断する数値に、「株式時価総額」と呼ばれる数字があります。

計算方法は

株式時価総額＝発行株式数×株価

という式になります。この数値が大きくなるときは発行株式数が多くなるか、株式市場での株価が高くなるか、の2つの場合があります。大きな会社ほど、発行株式数は増えます。しかし、あまり株式市場に自社株を流通させてしまうと、株式を買い占められて経営権を委譲するようなことにもなりかねません。ここは各会社が注意するところです。もちろん、会社の業績が良いと株を買おうという人も増えますから、需要と供給の関係で株の値段が上がります。株式時価総額は単純な式ですが、会社の大きさと株価を素直に表していると言えそうです。

会社が株式市場から資金調達するときには、株式数を増やします。それを株式市場で売るというか、買ってもらうわけです。または、1株を2株に分割するようなことをします。1株が100円ならば、2株に分割するときには1株を50円ずつに分割します。このときには、株式時価総額は変化しません。しかし、価値があると思う人が多ければその株式が買われますから、株式時価総額は増えそうです。ところが、株式数が増えれば流通する株式も増えますから、需要と供給の関係では供給が増えます。そうすると株式市場での価値が下がって、株価が下がることもあります。株式数を増やしても株式時価総額が必ずしも上がるとは限らないのです。そこで、売上げを上げるとか、純利益を上げるとか、株式市場での株価を上げる努力が必要になります。

株式時価総額の式は、発行株式数と株価の積になっています。発行株式数が変化しないときは、株式時価総額は株価に比例します。株価が変わらないときは、株式時価総額は発行株式数に比例します。ところが、小学校や中学校で習う正比例と簡単に思ってはいけないところが、

先ほどの説明にありました。小学校や中学校の比例式は、比例定数と変数の積で

y=ax, aは比例定数、xは変数

という式で表します。このとき、aとxは無関係で、aは変化しない数です。ところが、株式時価総額の式に現れる発行株式数と株価は、無関係に動きません。お互いに影響しあいながら動いています。片方が定数でもう片方が変数という数学の比例式では説明がつかない場合があります。数学で使う理想的な仮定は、経済の数値ではほとんど使えないと思った方がよいでしょう。ですから、本当の数字の意味を考える必要があるのです。

株式時価総額は、会社の規模は表せそうです。しかし、株を買うときにはあまり参考にならないでしょう。それでは、株を買うときに参考になる数値は何でしょう。よく使われる数値はいくつかあります。ここでは1つの数値に注目してみましょう。

EPS (Earnings Per Share) という数値があります。これは発行済みの株式1株あたりにどのくらいの利益が乗っているかを計算した数値です。

EPS=純利益÷発行株式数

この式は割り算が入っています。ということは、中学校で習う反比例の関係です。純利益が定数と考えたときに、発行株式数を変数とすると、EPSは発行株式数に反比例します。発行

株式数が定数のときは、ＥＰＳは純利益に正比例します。発行株式数の方が定数であることはよくあります。式を見れば当然ですが、純利益が増えれば１株に乗っている利益は増えます。ＥＰＳが高ければ、会社が順調に利益を上げていると考えてよいでしょう。

発行株式数は一定のことが多いと書きましたが、現在は発行株式数を減少させる経営をする会社が増えてきました。ＥＰＳは発行株式数に反比例していますから、発行株式数が減ればＥＰＳは増えます。発行株式数が減少するということはどういうことでしょうか。株式２株を１株に合併するといったように、株式分割と逆のことをするか、自社株買いをするのです。自社の株を買うなんて、不思議なことをするものです。これを会社の利益を使って行うわけです。自社で買った株は消却します。発行株式数が減少すれば、株式１枚に乗る利益が増えるわけですから、株式１枚あたりの価値が増えることになります。これはすなわち、投資家に対する配慮です。

会社を育てようとする投資家だけが株を買うわけではありません。短期間に利益を出したい投資家も株を買うわけです。それに対する配慮なのです。ただし、これを気にしすぎると、会社の利益は本来、給与にも配分しなければならないのに、給与に配分される部分が減ってしまいます。現在はこれが問題になっています。投資家として動ける人たちにしか利益が行かないような仕組みになっているところが問題です。その結果、貧富の差がかなりの速度で進んでしまっています。株価に関する数値を見ることで、社会現象を考えることもできます。

第4章

バブルは必ず繰り返す

1 信用創造という名の借金

お札を刷って世の中で使えるようにするのは日銀の仕事です。それが市場に流通するときに、日銀が刷ったお金だけが市場で使われているわけではありません。社会で使われているお金、またはお金の代わりをするものは手形などもあります。たとえば1億円の取引をするときに、現金で1億円を持ち歩くのは不可能ではないのですが危険です。そんなときは企業が手形を発行して、銀行で現金の代わりをさせることができます。そのお金を預金にすると利子が付きます。それ以外にも、お金がお金を生み出す仕組みがあります。それが信用創造です。

信用創造を英語ではcredit creation（クレジット・クリエーション）といいます。英語の意味のとおり、信用を作り出す仕組みです。銀行が預金と貸出しを繰り返すことで、お金（預金通貨）が増えていく仕組みが信用創造です。それではその仕組みはどうなっているのでしょう。

銀行は多くの預金者からお金を預かります。その中には個人もいるし、お店を経営している人もいるし、もちろん企業も預金者です。そして、預けたお金はいつでも払い戻せるように、現金を用意しています。預金者には、すぐに払い戻す必要のある人や企業もいれば、使う当てのない余裕資金を長期間預けておく人や企業もいます。通常は、預金者全員が一斉に預金を払い戻すことはありません。ですから銀行は預金全額を各支店に用意しておく必要はありません。預金の一部のみを支払準備分として現金で手元に置いておきます。そうすれば残りの預金は企業への貸付や投資に回すことができます。

たとえば、企業に貸し出されたお金は、取引先の支払いにもあてられます。支払いを受けた取引先は、緊急性がなければこの金を銀行に預けます。銀行は、支払準備分を手元に残して、残りをまた貸出しに回します。預金として残っている通貨が貸し出されて、他の銀行の預金にもなりえます。これを繰り返すと、預金と預金の何％かを貸し出したお金の合計が世の中に流通します。こうして預金通貨が新しく生み出され、銀行全体の預金残高は加速度的に増加していきます。これを「信用創造」と呼んでいます。

銀行は、預金者が払い戻す場合を想定して、預金の一定割合を現金で手元に置いておきます。これを日本銀行に預けておくことが義務づけられています。この準備金のことを法定準備預金といい、預金に対する法定準備預金の割合のことを法定準備率といいます。

信用創造の計算を、例を挙げて説明してみましょう。銀行が、預金者から100万円を預かったとします。法定準備率を10％とすると、10万円だけを現金で銀行に残し、残りの90万円、元本の90％を貸し付けることができます。これをA企業に貸し付けたとしましょう。A企業は、銀行から借りたお金で、取引先であるB企業に支払いをします。B企業はそのお金を銀行に預け、銀行にはB企業の預金90万円が新たに預金されます。借りる銀行と預ける銀行は別の銀行でかまいません。預金された銀行は、90万円の90％である81万円をC企業に貸し付けます。

これで、最初の100万円が

100万円＋90万円＋81万円＝271万円

になりました。

以上のように、お金が銀行と企業の間を循環することにより、預金通貨はますます増えていきます。これが信用創造です。この仕組みによって、現金通貨が何倍もの預金通貨に生まれ変わっていきます。この信用創造の仕組みは、景気刺激策の経済効果を考えるのに有用です。新たに発行するお金が、数倍もの役割を果たすかもしれないからです。

ここで注意したいのは、この仕組みがそれぞれの会社が銀行から借りたお金、すなわち債務を負い、返済を約束することで信用創造をしている点です。現金以外に、市場にお金の役割をする貨幣が発生することによって、信用創造は成立しています。ここで発生した貨幣のことを信用貨幣と呼びます。この信用貨幣は、預金とみることもできるわけですが、返済によって消滅するまでは支払手段である通貨としても機能します。つまり、この仕組みで発生した信用貨幣の価値は、借り手が期限までに遅れずに返済すること、借りたお金の利子支払いを行うことなどを前提としています。業績不振が毎年続くなど、借り手側の信用が急速に失われることが起こると、信用不安が起こります。すなわち、信用で創造している信用貨幣の信用がなくなるわけです。また、経理上の問題で、十分な担保価値が企業会計の中に計上されていないなどが判明するようなことでも信用不安が生じます。こうした不安要素が金融機関の健全性や預金の支払能力に対する不安にまで及ぶと大変です。大規模な金融危機が発生しかねません。

会社の新たな借入れよりも返済が多くなったり、増えるのが当然と思っていた信用創造が貸せなくなって収縮したりすると、経済全体の取引が低調になります。これが不況です。

増加した信用貨幣の価値を保証している根本は、最初から銀行なのではありません。実際は借り手なのです。借り手が借金を返せなくなると、その部分の信用貨幣の信用がなくなってしまいます。また、そのような借り手の状態を予想できると、銀行は新規貸付けをしぶりますので、信用創造の速度が鈍ります。

この理由から、借り手から見た債務、銀行にとっては債権を、借り手が滞りなく返済することが信用創造の前提になっています。債務の返済が滞っている、あるいは滞りそうな債務を不良債権といいます。不良債権が存在するとその分の信用創造を阻害することになり、景気循環や経済成長に悪影響をもたらします。

銀行の不良債権の割合が増加すると、預金者がその銀行の預金が不足しているのではないかと不安を抱くことになります。そして、預金者が預金の引出しをしようとします。このとき銀行が、預金引出しに対応できるような資金調達ができなくなれば、その銀行は破綻します。これを取付け騒ぎといいます。これは、そもそもの貸出し・信用創造の仕組みの前提に、「統計的には一度に引出しが殺到しない」という考え方というか、仮定があるからです。この前提が崩れた場合、銀行は手持ちの資金では預金債務を償還することはできません。

破綻銀行から借入れをしていた一般の事業会社は、この破綻によって新たな資金調達が困難になります。そうすると、事業会社の資金繰りができなくなり、連鎖的に倒産する可能性があります。さらに、この事業会社が他の金融機関から借入れをしていたとすると、その別の金融機関でも不良債権が発生することになります。その結果、別の金融機関の健全性も損なわれます。そして、銀行の貸付先に重複が多い場合には、ある銀行の破綻が別の銀行へ波及することがあります。この連鎖が大規模に発生したものが金融危機です。

つまり、信用創造は好況期には自然と増加し、不況期にはその逆で収縮するのです。今まで見てきたように、銀行には制度的リスクがあるのです。最初から「統計的には一度に引出しが殺到しない」を仮定しているからです。これをシステミックリスクといいます。信用貨幣制度の根幹は、借り手の負債（銀行の預金）が商品として、決済などに使われているからです。このような銀行の特殊性が、金融危機の背後にはあります。

日本の2014年におけるGDPは526兆円です。第3章でも説明しましたように、この数字は日本国内で生産された物やサービスの総額です。取引の全額と言ってもよいでしょう。しかし、実際に流通している日本銀行券は93兆円程度なのです。

この差額分433兆円が、金融機関が作り出した信用創造なのです。せいぜい93兆円くらいの現金通貨によって、莫大な預金通貨が作り出されています。93兆円くらいの現金から、信用創造によって526兆円もの預金通貨が作られているということです。

お金は現在の金融システムが作り出しているということが、わかっていただけましたでしょうか。バンク・オブ・イングランド（イギリス中央銀行）の元総裁ジョシア・スタンプ卿は「この世は銀行のものだ。彼らから所有物をとっても、彼らに信用創造機能を残してしまえば、ペンを動かしさえすれば、彼らはすべてを取り戻すに充分な貨幣を創造するだろう。彼らから信用創造機能を取り去れば、いかなる貴重な財宝も消失し、彼らもまた消え去るだろう。そうであれば、この世界はもっと幸せである。だが、あなたが銀行家に隷属することを望み、あなた自身が奴隷制度のコストを支払うならば、彼らに貨幣と信用をコントロールさせなさい」とまで言っています。

現在、国境のなくなった金融市場では、お金自体が取引の対象にされたり、銀行間取引で創造された莫大な金額が、投資どころか、投機されています。お金はもはや使える道具ではなく、崇拝の対象になりました。「貨幣と神は似ている。双方とも信頼するが故にのみ存在するからである」といわれる理由がここにあります。現在、基軸通貨となっている米ドル紙幣をよく見てください。そこには「IN GOD WE TRUST（神の名において信用する）」と書かれています。

金とドルの交換が停止されたニクソン・ショック以来、お金の価値は景気による裏付けがあってもなくても上下します。ドルに書いてある言葉は、株価上昇や次々と創られる市場によって動く、マネーゲームを象徴しているかのような文言に見えてしまいます。実体経済とは関係のない莫大な投機マネーが今も瞬時に世界をかけめぐっています。

これについて、カリフォルニア大学バークレー校のベルナルド・リエターは警鐘を鳴らしていました。

リエターは、かつてはヘッジファンドのファンドマネージャーでした。さらには多国籍企業のマネージメント・コンサルタントを行いながら、ベルギー中央銀行の電子決済システムの責任者として、ユーロの企画運営にも携わりました。当初は金融システムに根本的問題があるとは考えていなかったといいます。

しかし、20世紀の終わりに、1日に2兆ドルもの為替取引がありながら、98％が投機目的であったとき、異常だと気が付きます。財とサービスの取引がわずか2％に過ぎない事実に愕然とするわけです。彼はこの事実から、信用創造により金融システムが投機的利益の道具になっていることに疑問を抱きました。そして、こうしたシステムが社会を支配する道具になっていることに警鐘を鳴らしたのです。

彼はこう言っています。

「1971年にニクソン・ショックによりドルが金本位より分離して以来、歴史的に空前の実験段階に突入しています。現実経済になんら裏打ちされない貨幣のあり方がそれです。第二段階として、規制が存在します。イギリスのサッチャー首相によってもたらされた金融緩和政策はアメリカのレーガン大統領にも支持され、世界中に普及しました。それがマネーゲームを拡大していったのです。三番目はグローバルな金融市場のIT化でした。これは技術的に貨幣をより素早く運用することを可能にしました。これらが一貫して現在の金融システムの問題を作り出したのです。今後、我々は金融システムの混乱に直面するでしょう。そのカタストロフィー＝破局は、1930年代の世界恐慌よりも大きいかもしれません。30年代は欧米に限定されていましたが、我々は世界規模の金融システムを作り上げてしまいました。それが問題なのです」。

不幸にもこの予言はリーマンショックという形で当たってしまいました。皆さんの記憶にあるとおりです。現在の金融システムは、富を求めるために、投機によって利潤を得る場所になってしまったようです。投機による利潤を求める競争の原理が支配的になってしまいました。世界経済は、カジノ化しているようにも見えます。私たちは、この投機資金が地域経済や普通の人々の暮らしを破壊しているのを知っています。繰り返し発生する通貨危機が国民生活を崩壊させた例を、もう何度も見てきているはずです。

つまり、信用創造が債務を前提としているということは、世界経済もまた債務に基づいているということです。各国の経済状況を見れば、それは明らかです。どの国も莫大な債務を抱えています。日本では、政府の債務は１０００兆円を超えています。また企業のキャッシュフロー（企業活動などにより実際に得られた収入から、外部への支出を差し引いて手元に残る現金の流れのこと）の25％以上が利子払いに当てられているといいます。この比率は70年代にはだいたい10％程度でした。80年代は15％前後でした。このような、債務をもとにした経済を債務経済と呼びましょう。債務経済は、企業に不自然で無理な成長を強制することになります。当然、そのツケとして犠牲が出ます。環境に負荷をかけること、リストラを招くこと、こうした大きな犠牲を払わなければなりません。

2
金融危機とバブルの歴史

人間は経験から学べるのでしょうか。経験から学ぶためには、才能が必要のようです。そして、経験から学んだことから判断した結論を発言することは大変な勇気が必要のようです。「皆が喜んでいるのに、なんで水を差すの？」と言われたりします。

このことがよくわかるのが、金融危機とバブルの歴史に思えます。その一部をご紹介しましょう。記録に残っている限り、最古の信用創造の過剰が原因の金融危機は、BC7～6世紀頃のアテネでした。過剰債務問題から経済が大混乱して、ソロンがソロン法に基づき債務の整理を行ったことは、高校の世界史で学んだ方もいらっしゃるでしょう。

次いでBC450年頃、ローマでは過剰債務問題から経済が混乱します。このときはこれまた世界史でおなじみのハムラビ法典に類似した規制を導入して乗り切ります。ハムラビ法典とは、ＢＣ１８００年頃、ハムラビ王が定めた法典で、実物がルーブル美術館に展示されています。史上最古の文明と呼ばれるメソポタミア文明で発布された、最初の成文法典です。そこでは金利の上限が定められています。穀物価格では33・３％、銀では20％、また契約は文書にしなければならない等の規制も盛り込まれていました。

１４０７年のジェノヴァでは、私的振替業者による紙幣発行で混乱が起きます。そのため公的預金取扱銀行が設立されました。これがサンジョルジュ銀行で、世界初の銀行といわれています。１５６０年には、イギリスで貨幣改鋳による高品位通貨の流出がおこり、低品位通貨によるインフレが深刻になります。この事件でできた言葉が、有名な「悪貨は良貨を駆逐する」だという説があります。

１６１８〜１６２３年には現在のドイツにあたる神聖ローマ帝国で、金貨改鋳による経済混乱が起こります。このあたりから、意図的に私的な暴利を貪ろうと企む輩の活動が顕著になってきます。このときは30年戦争のさなかで、良貨を悪貨に切り替えました。その様子はトルストイの小説『イワンのばか』にも描かれています。価値が暴落した硬貨は、子供のおはじき遊びのおはじきに成り下がります。当初、改鋳は、神聖ローマ帝国の、それぞれの諸侯の領地内で行われていました。やがてよその領地に質の悪い硬貨を持ち出し、そこで暮らす平民が持っている良貨と交換するようになります。さらにその良貨を改鋳するといったことが繰り返されます。被害を受けた領地では、また別の領地に同じことをします。この繰り返しで損失を補いながら、資金を蓄積しました。

ウェッジウッド『ドイツ三十年戦争』等によると、ボヘミア執政官リヒテンシュタイン公爵は、こうして通貨の銀含有量を75％以上も引き下げてしまいます。ところが、1622年2月、神聖ローマ皇帝フェルディナント2世は、さらに利益を得ようと投機家のグループと契約を結んで、プラハ市内になんと個人経営の造幣所を設立する許可を与えました。当時から投機家はいたのです。

具体的には次のような計画です。当時民間でよく使われていた通貨はグルデンでした。マルクは重量の単位で240グラム前後の重さです。当初は銀1マルクで6グルデンの銀を鋳造していました。それが同じ1マルクで30グルデンまで含有比率を下げました。さらに、この鋳造所では79グルデンを鋳造目標としました。この品質で年600万グルデンを政府に支払う契約を結び、投機家グループはそこから利益を得ることが許されたのです。この民間団体の中心人物は、ボヘミアの大銀行家ハンス・デ・ヴィッテでした。高校世界史の教科書にも出てくる傭兵隊長ヴァレンシュタインも参画しています。彼らは傭兵事業でも大儲けしたのちに破産します。貨幣鋳造と発行には、社会的信用が不可欠です。そこでプラハの軍指揮官であったヴァレンシュタインは名望家の一人として名を連ねることを依頼されたのです。いわば団体の箔付けです。ちなみに、このヴァレンシュタインのもとでは、ケプラーの三法則で有名なヨハネス・ケプラーが占星術師として働いていたことがあります。ヴァレンシュタインは戦争でお金を使ってしまい、ケプラーの給料を払っていなかったという話も伝わっています。

投機家の団体が儲けを出すためには、通貨の銀含有量を下げることが必要です。そこで通貨が猛烈に劣悪化されました。その反面、物価は強制的に据え置こうとしました。しかし、計画は完全に失敗しました。その理由は、当時の人々がそれほど馬鹿ではなかったのです。人々は疑い深くなり、自分の持っている良貨を貯蔵するようになったのでした。他方で、政府の穀物貯蔵があったのにもかかわらず、食糧だけでも価格が通常時の12倍にも上がりました。物価の据え置きは失敗し、インフレはピークになります。インフレの悪循環によってさらにお金に価値がなくなります。銀は高騰します。インフレにより支払いに必要な通貨の総量がふえますから、可能な限り素早く硬貨を発行しなければ、差額で儲けられなくなります。このとき発行した通貨の量は当初の5倍以上の量になりました。神聖ローマ帝国と諸外国との交易は完全に止まり、生活に必要な日常品の取引をするときには、人々は物々交換に頼りました。こうした愚かな計画によって作り出された損害は莫大なものでした。

この構図は、後の金融危機の基本形を見事なまでに創り上げています。実態にかけ離れた通貨発行、流通によりインフレが起こり、やがて破局し、社会全体が大損失を被ります。しかし、富裕層だけが富をさらに蓄積するのです。しかも情報が一般の人にまで伝わらないのですから、競争が公平ではありません。富裕層でなければチャンスがない点は現在と共通する問題です。まさに信用危機の誕生と言えます。

しかし、このときはまだ、前節で紹介した信用創造機能はありませんでした。この機能ができるといよいよバブルの登場です。それは１６３６～１６３７年のオランダで起こりました。

このときのオランダは繁栄を謳歌していました。17世紀はオランダの世紀ともいわれます。世界の貿易と商業と金融の中心地は、全盛期が過ぎたスペイン、ポルトガルに代わり、オランダの首都アムステルダムに移りました。オランダはスペインから独立を勝ち取り、世界最初の覇権国家となります。

オランダの貿易は、オランダ連合東インド会社によって仕切られ、その本部はジャワ島のバタヴィアに置かれていました。ちなみに江戸時代の日本で幕府が唯一交易を許したのも、オランダ本国ではなく、このオランダ連合東インド会社でした。じつは江戸幕府としてはイギリスとも交易する意思はあったのです。しかし、それが成立しなかったほど、オランダ連合東インド会社とオランダの力は強力なものでした。当時、世界で最も金融取引が多かったオランダで最初のバブルが起こったのも当然なのかもしれません。

このバブルはチューリップの球根を中心に起こったので、チューリップバブルといわれています。

チューリップは特別な花です。1453年にコンスタンティノープルを陥落させたオスマントルコ帝国において、チューリップは、モスクの装飾の意匠やスルタンの衣服の模様などに使われていました。トルコ帝国で愛されたこの花がヨーロッパに伝えられたのは、16世紀のことです。当時のオランダは経済の活性化に伴って、住宅価格などが上昇していました。富裕層では生活が豊かになるにつれ、富の象徴としてチューリップを花壇に植えることが流行しました。景気の先行きに対する明るい見通しが人々の心を大きくしていったのです。

チューリップの球根は作りやすいのですが、一度に大量に生産することが難しい品物です。ですから欲しいと思う人が多くなると、すぐに生産が追い付かなくなります。すなわち需要に供給が追い付かなくなるわけです。その結果値上がりしますから、チューリップの球根が人気になります。もう1つチューリップの球根が投資の対象になった原因に、標準化ということがあります。チューリップの球根は品種や重さなどで、取引のときに使う基準ができていました。この球根とこの球根は同じ値段で取引しますというルールがあるわけです。さらに、球根ができてからの決済ですから、手持ちの現金が少なくても投資できます。こうした取引は、正規の証券取引所ではなく居酒屋で行われ、取引において「来年のX月に支払う」という手形ですませることができるお手軽なものでした。その手形が取引をくりかえすうちに、幾人かを経由していき、債権者や債務者がどこの誰だかわからないという状況になっていきます。この先物取引システムによって元手がない人も投機に参加できました。古典的な信用創造です。ついに最後には、対象となる球根のない信用取引が横行する状況になりました。

商品が事実上、球根からお金そのものになっています。ここに注意をする必要があると思います。チューリップ収集家や大商人は、あまりに球根価格が上昇したため、取引から撤退しました。ピーク時には、球根1個で馬車24台分の小麦、豚8頭、牛4頭、ビール大樽4樽、バター2トンが買えたという、途方もない価格まで上昇しました。こうなると市場では、チューリップに興味のない投機家が熱狂しました。本当にチューリップが好きな人は手を引いてしまいましたから、この人たちには商品としての球根の価値はわかりません。そういう人たちが取引をするわけですから、三流品でなんの価値もない球根の価格が高騰しました。球根を転売しようとすると、もっと高く買ってくれる新たな参加者が必要になります。投資する人を増やすためには宣伝が必要です。球根に投資すると大金持ちになれますと言いふらします。根拠のないうわさでも、高値で球根が取引されている間は、人が信じてしまいます。さらに、それがずっと続くと誤解します。バブルの特徴です。うわさを聞きつけ、パン屋や農民までチューリップ市場に参加し、それによって需要がさらにふくらみました。

しかし、民衆が取引していた安価な球根は、愛好家には見向きもされないしろものでした。

最後には対象商品の見きわめもきかず、また本来まったく市場に参加しない素人まで参入したというあたりも現代のバブルにそっくりです。合理的には説明のつかない価格まで高騰した球根に、このままでは買い手がいなくなるのでは、という不安が次第に市場全体に広がります。

人の心に不安が芽生えると、バブルの崩壊は早くなります。その不安が大きな存在になったわけですから、バブルがはじけるのは時間の問題です。このときには大商人やお金持ちは市場から退散しています。逃げ遅れるのは多くの庶民です。オランダのチューリップバブルは1637年2月3日、買い手がつかないといううわさが立ち、突如暴落が起こりました。逃げ遅れた人たちは破産しました。オランダ政府はバブルを静観していました。規制に乗り出したときにはすでに遅すぎました。バブルがはじけてしまっていたのです。

オランダのチューリップバブルは経済的な影響を考えると、それほど大きな痛手を経済に与えていないと考えてよいでしょう。もちろん破産してしまった人もいますが。信用創造機能が未発達だったため、後世のような金融恐慌や経済の大混乱は避けられました。球根価格はやがてバブル発生前の水準に戻り、取引市場参加者は本来のチューリップ愛好家と農家に戻りました。価格も適正なものになり、二度とバブル期のような水準にはなっていません。

チューリップバブルの話を考えていると、バブルに昔も今もないような気がします。現代とほとんど同じことが起こっています。うわさの伝わり方が、酒場での直接の話かインターネットかの違いくらいです。酒場とインターネットでは、伝わる速さが違うと思われる方もいらっしゃるでしょうが、現代とは経済規模も人口もバブルに参入する人の数も比較になりません。チューリップバブルのときは酒場のうわさで十分伝達の機能を発揮します。

さらに、後に投機に参加する人ほど積極的になります。投資は余裕の資金でするものです。まして、借金をして投機をしてはいけません。傷が深くなります。相場をわかっている人の儲け話を聞いて、素人が絶対に儲かると信じ込んで投機をすれば傷が深くなるだけです。世界恐慌においても、普段まったく投資には興味のない靴磨きの少年がケネディ大統領のお父さんに投資を勧めてきたそうです。ケネディ大統領のお父さんは、それでバブルの崩壊を予見したといいます。バブルにはいつでも、後日決済のような信用枠の拡大と素人投機家の参入という大きな2つの特徴があるようです。

チューリップバブルの傷から立ち直るために、オランダは100年かかったといわれています。この規模の小さいバブルでもです。そして、チューリップは今でもオランダの特産物になっています。

3
バブルの正体

そもそもバブルとは何なのでしょうか。

一般に、バブルとは経済が実力以上にふくらみ、泡（バブル）のようになった状態をいいます。そしてバブルは必ず崩壊した後で気がつきます。経済がバブル状態になっていても、その中にいるとわかりません。バブルが崩壊した後は必ず何らかの金融危機が訪れ、社会全体を大混乱に陥れます。バブルの最中には、銀行の貸出しなどの急増が起こり、それと一緒に異常な投機が行われています。この貸出し急増とか異常な投機とかは、後になってから言われることです。バブルの渦中では、多くの識者と呼ばれる人たちまでもが、後になってから異常だとわかることを正常であると言っています。そのときには本当に正常だと思ってしまうのでしょう。人間がよくしてしまう失敗です。いつもならおかしいけれど、今は条件がそろっていて、この状態はおかしくない、という理屈です。おかしくない、異常ではないと思いこみたい気持ちが判断力を鈍くする、いや失わせるのでしょう。また、好景気に見えるバブルがいつまでも続いて欲しいという願望が、バブルを正当化する理論を作らせるのでしょう。しかしバブルは好景気ではありません。実体のない危険なものです。

これからのお話は、バブルを経験したある人に実際に起こったことです。2章にも登場したAさんです。AさんはITバブルではうまく儲けました。ITバブルというのは、1999年から2000年にかけて、IT関連の会社が多く作られ、株価が高騰したときのことです。インターネットバブルともいわれます。このバブルは2001年にはじけました。幸運にもバブルがはじける前に売り抜けたAさんは、バブルの崩壊で財産を喪失した人たちを冷笑していました。しかし、その次の新興市場上場バブルにはまんまと嵌まってしまいました。新興市場とは、ベンチャー企業など、成長の可能性があるけれども現在はまだ実績のない会社が上場できるようにした株式市場です。東証マザーズ、大証ヘラクレス、名古屋セントレックスなどがあります。株式上場をするとこれらの株式市場から資金調達ができます。成長する可能性はあるが、資金が足りない会社のための株式市場です。実績のない会社が上場するわけですから、株式取引所の上場基準を和らげます。新興市場には、業績が不安定な会社も、株価の変動が激しく投資リスクが大きい中小企業も、上場できてしまいます。Aさんはこの新興市場の株取引に参加しました。

新興市場に上場する新規公開株には、その後に伸びた会社の株もあれば、そうでないものもあります。証券会社に勧められるままに投資してパフォーマンスが上がらなかったケースを尻目に、Ａさんは株投資の基本を守り、自分なりに調査した株式を買いました。それが数倍から最高で60倍にもなりました。それでＡさんは自分の鑑識眼に自信を持ち、投資したすべての企業の将来性を確信していました。当時はまだスマホが登場していませんでした。そこで、携帯電話の基幹技術を持っている企業などに投資しました。それらの会社のＰＥＲはいずれも60倍から１００倍を超えていました。ＰＥＲというのは株価を評価する１つの数字で、おおざっぱに言うと、株に投資したお金を何年で取り戻せるかということを表しています。ＰＥＲが60倍というと、投資したお金を取り戻すのに60年かかるという数字です。ですから、冷静に考えれば異常な高評価なのです。しかし、当時は証券アナリストの「成長性を考えれば妥当である」という裏付けが付くほど伸びている会社たちでした。

これはまさに将来の利益の先取りなのです。「船に乗り遅れるな」とばかりに、Ａさんはあらゆる手立てでお金を集めました。

しかし破滅のときは来ます。まずはライブドアショックです。ライブドアショックは、ライブドアの社長だった堀江貴文氏が２００６年に証券取引法違反等により収監された事件をきっかけに起きた株安です。Aさんは機敏に対応して、ここは持ちこたえました。しかし、2008年のリーマンショックは、事前にそれを予見したものの逃げ切ることはできませんでした。40万円から始めて数千万円までふくれあがっていた時価総額は、1000万円を割る大損失を出すに至りました。

この結果、Aさんはすべてを悟ります。バブルはそのさなかでは経済成長と思い込み、崩壊したあとで、現実の経済の力ではなくバブルだったと気づくものなのだ、と。

前節で見たオランダにおけるチューリップバブルだけではありません。このようなばかばかしいバブルを人は繰り返してきました。チューリップバブルは南海泡沫事件（イギリス）やミシシッピ計画（フランス）と並んで近世ヨーロッパの三大バブルに数えられます。またアメリカではブラックマンデー、そしてITバブル、つい最近にはリーマンショックと続きます。

どれも本質は同じです。にもかかわらず人はその同じ過ちを繰り返してしまうのです。日本ではどうだったでしょうか。最も深刻な影響を与え、失われた20年の原因となった平成バブルを見てみましょう。

1986年11月から1990年中頃まで、平成景気と呼ばれる好景気が続きました。戦後の好景気を見ると、いざなぎ景気（57ヶ月）、岩戸景気（42ヶ月）が大型の好景気の時期です。しかし、この平成景気は岩戸景気を追い越します。

日本の土地や株は本来の合理的水準では考えられない価格まで上昇します。このタイプの値上がりを資産インフレといいます。人や会社の所有物、すなわち資産が値上がりします。個人や企業が持つ資産の価値が高まります。別に投資などしていなくても、持っている宅地の価値が跳ね上がりました。人々は高級ブランド品、大型乗用車、ゴルフ会員権、絵画、リゾートマンションなどを買いあさります。「土地や株の値段は永久に上がり続けるもの」という観念が、ほとんど信仰のように日本中を支配していました。こうして、日経平均株価は1989年12月に、3万8957円という高値まで上がります。

自宅の不動産価値も勝手に上がるので、お金を借りるときの不動産の担保力も増加するわけです。今では考えられないことですが、銀行の方から盛んに営業攻勢がありました。「お金を借りませんか？」です。それで集められた資金が、不動産、株式へと投資された結果の高値でした。

普段は投資などにまったく興味のないサラリーマンや学生までもが、儲け話のうわさを聞きつけ、競って参入したのです。ここまでで、前節で紹介したバブル発生とまったく同じ2つの条件＝投機家の参入と信用枠の拡大が起こっています。信用枠はある担保に対して貸せる金額ですから、それが広がれば、貸すお金がどんどん増えるのは当たり前です。それで、不動産、株を買うお金が生み出されます。

どうしてこんなことが起こったのでしょうか。その原因を考えてみましょう。1980年代初め、不景気の中で世界貿易は縮小していました。しかし、日本は対アメリカを中心に輸出が増え、世界最大の貿易黒字国となりました。アメリカは、貿易赤字と巨額の財政赤字という、いわゆる「双子の赤字」が深刻化していました。さらに、貿易赤字を補うため、アメリカは外国からの借入れを行いましたから、次第に債務が増えていきます。このような外国からの借入れを対外債務と呼びます。アメリカは対外債務も増やしてしまったことになります。

アメリカの貿易赤字を減らすためには、どうすればいいのでしょうか。アメリカは考えました。その結論が「そうだ、ドル安になればいい」でした。ドル安になると、アメリカの輸出品はドルで値段がついていますから割安になります。そうすれば、他の国の商品との競争力がついて売れるようになります。また、海外からの輸入品はアメリカからみると割高になります。すると、アメリカは海外から物を買わなくなりますから輸入が減ります。

こう考えたアメリカは、各国にドル安になるように協力を要請しました。

この要請は、1985年9月22日に、ニューヨークのプラザホテルで行われた先進5カ国蔵相会議（G5）で合意されたので、プラザ合意と呼ばれています。日本からは竹下登大蔵大臣が参加していました。プラザ合意は、先進諸国がアメリカの貿易赤字を少なくするため、ドル安を進めるという内容です。

プラザ合意にしたがって、日銀はドル安になるように協調介入をしました。協調介入というのは、外国為替市場に介入して為替相場をコントロールすることです。かなりの資金が必要です。この場合、日銀が持っている大量のドルを売って、円に替えることを行うのです。ドルを売りたい人が増えれば、ドルは安くなります。円で買いますから、円を欲しい人が増えるのと同じ効果が出て円が高くなります。ドル安＝円高ですから、日本に急激な円高がやってきました。プラザ合意前は、１ドル＝２４０円台だったレートは、２年後には、１ドル＝１２０円台にまで円高が進みます。このため、日本製品の輸出価格が上昇し、輸出が伸びず、輸出産業は打撃を受けました。日本経済は円高不景気になります。

円高が進む中で、ドルを売って円を買えば儲かる、という考えが広まりました。すでに円は高いのですが、高い円を買っても、さらに高くなると考えられていたわけです。そのくらい信じられないスピードで円高は進みました。

この状況を日本も放っておくわけにはいきません。円高不況の中で、不況対策のため、日本銀行は公定歩合を下げます。

アメリカはドル安によって、輸入される商品の値段が上がり、今度はインフレの心配が出てきました。そこでドル安政策をやめることになります。これが、１９８７年２月の先進７カ国蔵相会議（Ｇ７）でのルーブル合意です。この会議で、ドル安をストップするにはアメリカの金利が他の国より高ければいいと考えられました。アメリカの金利が高ければ、資金をドルで持とうと、自国の通貨をドルに替える動きが出るからです。金利が高ければ、持っているだけで利益が出ることがあります。みんながドルを買おうとするとドルが上がります。

そこで、アメリカは各国の金利を下げて欲しいと頼んできたのです。相対的にアメリカの金利を上げるわけです。日本は円高不況で公定歩合を下げていたのに、アメリカの要求を受け入れてさらに金利を下げます。西ドイツはきっぱり断ります。ここが両国のその後の運命を分けます。プラザ合意前は5%だった日本の公定歩合は、1987年には2・5%にまで下がります。いよいよですね。来ますよ、怪物が。

じつはこのころ日本経済は、円高不況から抜け出し、景気が回復していたのです。景気の過熱を防ぐために、中央銀行としての日銀はむしろ公定歩合を上げて金融を引き締めるべきだったのです。公定歩合は銀行利子に影響します。公定歩合が高ければ銀行利子は上がりますから、借りにくくなります。信用創造のスピードが下がります。公定歩合が下がれば銀行利子が下がり、借りやすくなります。そうすれば借りる速度が上がり、信用創造のスピードが速くなります。円高は一方で、原油安など輸入価格低下というメリットがあります。原料やエネルギーは安くなりました。円安だけが経済活性化の薬だ、などと考えること自体が間違いです。円高により、たしかに鉄鋼や造船などの輸出は減少しました。しかし、自動車やハイテク産業は、商品の質を高める努力をし、生産を合理化し、機械化をすすめてコストを下げました。これで輸出を増やしたのです。すでに円高不況の下で、政府は公定歩合を下げるとともに、財政支出を増やし、大規模な公共投資を行っていました。その結果、1987年以降、日本経済は公共投資・消費拡大を中心に内需主導型の平成景気といわれる大型好況へと向かいます。

日本銀行が公定歩合を引き下げた超低金利政策のもと、企業は資金が調達しやすくなり、たくさんのお金を借ります。個人も金利が下がったので、預貯金よりも資金が増える株や土地に手を出し、財テクを行います。条件は整いました。これにより、株価や地価を押し上げることになり、「株や土地の値段は上がり続ける」という神話が生まれました。土地や株を買うことが簡単にお金をかせぐ方法だと信じられました。株は、人が働いた結果上がるという本質を忘れるのは簡単ですね。しかし、これは明らかに異常な状況だったのです。

土地や株についても「今後、地価や株価は上がり続けるから、土地や株を買うと儲かる」という考えとうわさが広まります。何の根拠もありません。それでも、みんなが競うように買ったので、土地や株は適正な価格からはずれ、異常に値上がりしました。

全米の面積は東京23区の面積の1万5000倍もあります。しかしバブルの頃は、「東京23区の地価合計=全米の地価合計」となったのです。

投機家は地道な商売をしている不動産屋さんとは違って、土地そのものや不動産本来の利便性にはまったく興味がありません。その判断能力もありません。投機家は、ただ利ざやを稼ぎたいだけなのです。最後は商品価値のない不動産や、なんと誰も行かない原生林までもが、信じがたい価格で取引されました。最後の局面では、まともな不動産屋さんは影を潜めてしまうような状態でした。

これが、バブル＝泡です。シャボン玉の液は少しなのに、ふくらませば、実体からかけ離れて何十倍もの大きさに見えてしまうのと同じです。それでも救いはありました。異常なまでにお金を使って資産インフレにはなりましたが、資産以外の日用品などはインフレにならなかったのです。円高のおかげです。円高の影響で海外からの輸入品が安く買えたので、インフレを抑える効果があったのです。バブルに踊らなかった人たちの生活費にはあまり影響がなかったのは救いです。でも家は高すぎて持てませんでした。

異常なことはいつまでも続きません。いつかははじけるのです。前節で触れたように、そこで生きている皆さんが、この価格がもうぎりぎりの高さだと考え出した頃がそろそろ潮時です。1987年9～11月にNHKは6回にわたり「世界のなかの日本　土地は誰のものか」を放送し、サラリーマンが一生働いても自宅が買えない狂乱地価の不条理を訴えます。反響はものすごく、電話の数はNHK始まって以来の多さでした。電話で寄せられた感想は「この企画に共鳴する」というものがほとんどでした。誰もが異常だと叫び始めたのです。盛り上がった世論により政治が動くのですが、ここで政府の行った政策には首をかしげます。これまでと反対方向に舵を切りました。大蔵省と日本銀行がバブルつぶしに取り掛かります。「住宅価格を半分にする」のが狙いということでした。世論によってバブル退治を任された日銀の三重野総裁は「平成の鬼平」ともてはやされました。ただでさえ崩壊寸前なのに、それに火をつけたのです。墜落しそうな飛行機にさらに加速度をつけるような、これら一連の政策は、後に巨大すぎる禍根を日本経済に残すことになります。「失われた20年」がそれです。前節で見たとおり、政府はバブルにはあまり役に立たないようです。

バブルつぶしのために政府は、次のような政策を行います。不動産を買うためのお金を借りにくくするため、

1、不動産融資総量規制

2、1989年から公定歩合引き上げ

を行います。もっと早くやるか、もしくはこの時期の施策ならばソフトランディングを考えるのが得策だったと思います。この結果、銀行からお金を借りて土地や株を買う人が少なくなり、急激な株安と地価の下落を生むことになります。

こうして1990年2月、株価は暴落したのです。

一度株が下がると、多くの人が「このまま株が下がり続けたら、もっと大きな損をしてしま

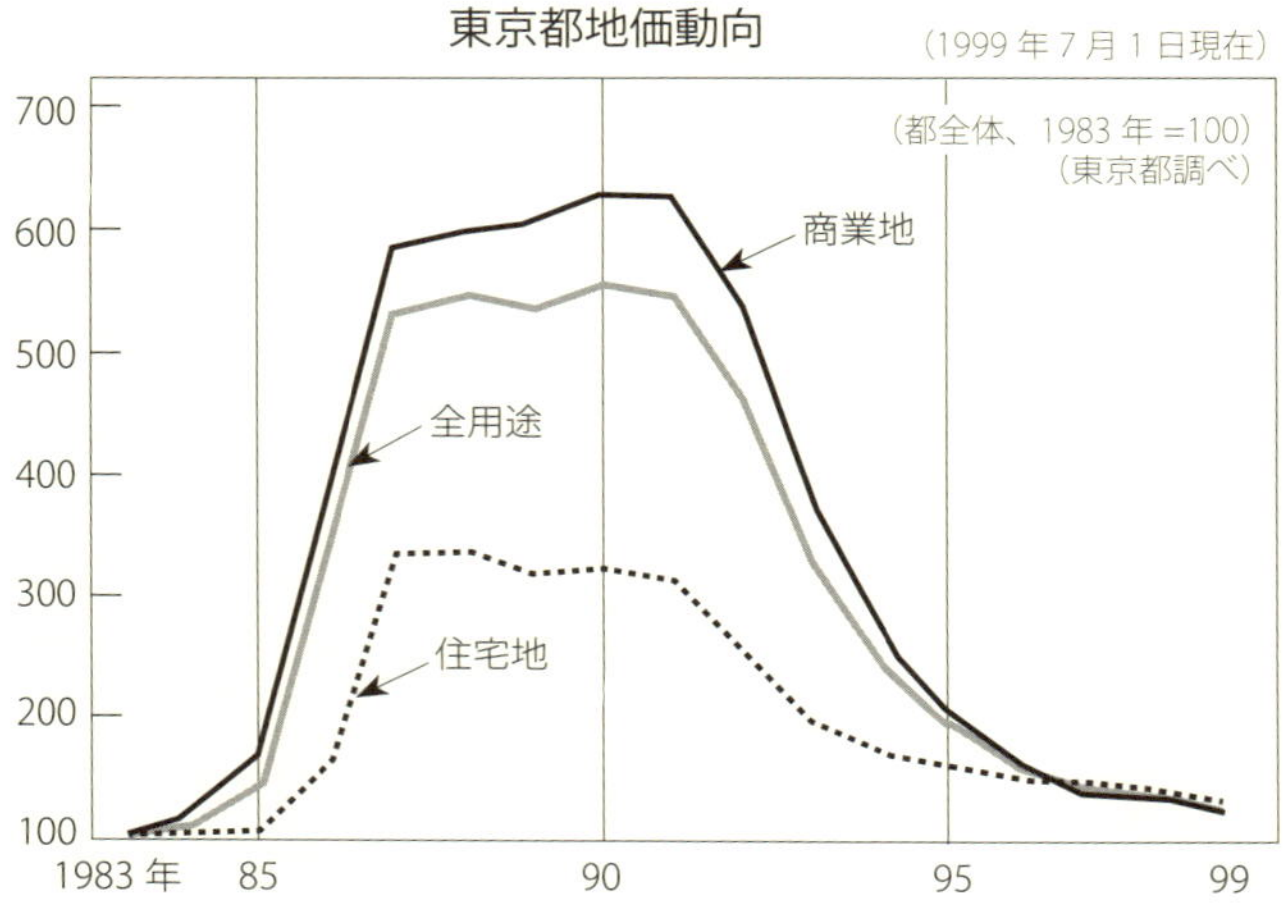

う」と考えるようになります。心配した人は、早めに株を売ったのです。

また、土地を持っているとお金がかかるようにするため、１９９１年1月に地価税を課します。一定以上の広さの土地を持つ企業や個人に特別な税金が課されたのです。その結果、さらに地価は下がりました。東京都の地価の動向をみると、グラフのように、１９９1年3月を境に急激に下がっています。

銀行から資金を借りてまで土地や株に投資した会社や個人は、返済を迫られます。しかし、自分の所有する土地や株を売っても、バブル崩壊した後です。価格が下がっているので、借りたお金を返すには足りません。貸した銀行はお金が戻ってきません。銀行や政府は、「また地価は値上がりするだろう」と考えたのかもしれません。不良債権を積極的に処理しないままに放置します。しかし、一方で「多少損をしても、そろそろ売らないとヤバイな」と思い、損を覚悟で土地や株を売り出す人もいます。そうすると、需要より供給の方が多くなり、土地や株の値段はますます下がっていきます。しかし多くの銀行はできる限り損を少なくするために、土地や株価が底を打って値上がり出すのを待ったのです。土地や株価はさらに下がりつづけ、銀行はますます苦しくなっていきます。

振り返ってみれば、バブル当時、経済学者や経済評論家の発言や著書はバブルに肯定的な論調が多く、いまはバブルだという認識を持っていた経済学者や経済評論家はほとんどいませんでした。東京大学教授・野口悠紀雄氏は、当時から土地価格の高騰は不動産の実情からかけ離れており、これはバブルだと批判していた数少ない例外の方の一人です。

しかし、1980年代日本を襲ったバブルの発生と崩壊、それからはじまった数多くの失われた歳月、これらの原因は、当時の日銀・大蔵省の整合性に欠ける認識、対応の遅れとミスリードによるところが大きいと考えるのは無理ではないでしょう。政策当局は批判される面が多いと思います。平成バブルと「失われた20年」を検証するとき、日銀、大蔵省の政策をより詳しく検証すべきだったでしょう。大蔵省は、バブルをあまりにも急激に崩壊させ、その後の処理が遅れたため巨額の不良債権を積み上げてしまいました。金融システムは機能不全となり、日本経済の成長メカニズムを壊してしまいました。そして現在にまでその影響を引きずっています。日本経済はその痛手から立ち直ったとは言えないのです。

私たちはバブルの始まりもその終焉も、金融当局の政策がその一因としてあったという点は、覚えておかなければいけません。金融政策のさじ加減によっては、好景気から不景気へとゆるやかに変動させていき、ダメージを小さくできる可能性もあったというのが定説となっています。総量規制などの規制で急ブレーキを踏むのではなく、そして少なくとも名目GDPを維持しつつ、ソフトランディングする方法をとるべきでした。

もちろん、政府や金融当局だけの責任だと考えるのは間違いでしょう。バブルに踊ったのは企業や個人です。バブルを使って儲けられると、短期的に目先の利く人がたくさんいます。そして、資金がなくてバブルに踊れない場合もあります。さらに、これは経済的におかしいと見抜いているのは一部の経済学者だけではなく、毎日の生活を普通に続けている人たちの中にもいました。社会を見る判断力を高めるのは大切なのです。働いて物を作らないところに、本当の富はできません。社会生活をしている人、一人ひとりが勉強することも大切です。これは、毎日の生活に追われているので大変なことなのですが、それをしないと社会の気分にだまされてしまう危険性があります。

4
バブルの後始末に正解はあるのか

はじけたシャボン玉には中身がありません。こぼれた石けん水をふけばいいくらいです。しかし、社会でバブルが起きたときは、バブルがはじけたあとにも人の生活があります。バブルに踊らなかった人にも、バブルがはじけた影響がでます。政府がバブルの後始末をするときには、必ず税金を使います。バブルに踊った人たちは自業自得と言えばそれまでですが、儲けた人も損をした人も、放っておくと彼らの負債などでさらに普通の人に迷惑をかけます。銀行がお金を貸さなくなりますから、バブル崩壊のときに事業拡大をしなければならない企業はたいへんです。バブルがはじけても、需要の増える業種もあります。注文に対応できるように生産ラインを増やさなければならない会社もあります。それなのに、このような会社は、信用創造が縮小して銀行が貸し渋りをする影響をもろに受けてしまいます。

バブルがはじけてしまった日本は、どのような後始末をしようとしたのでしょうか。

東京23区の地価の合計でアメリカ全土が買えるほど高かった地価の下落が、止まりませんでした。バブルのときは不動産の価値の高騰で、不動産を担保にして大きなお金が借りられました。地価の下落が止まらないということは、不動産が持っていた、借金の担保としての価値が低下します。借金が不良債権になる可能性が出てきました。また、バブルがはじけて資金繰りが苦しくなると、給与や設備投資にも影響が出ます。需要が減って物が売れないので、物の値段も下がります。デフレです。デフレで企業業績が長期にわたり低迷してしまいました。すると企業が負債を払えなくなります。それでまた新規の不良債権が発生するという悪循環におちいります。業績悪化により、信用創造の根幹になっている「借りたお金を返す」ということができなくなっているわけです。

業績の悪化したゼネコンなどが、不良債権資金の大口の借り手でした。これらの企業集団の再編・構造改革がなかったのは、政府が大規模な公共投資や優遇政策を行ってきたからと言えるのではないでしょうか。公共事業は国債や税金が元手です。バブルに無関係だった人たちも影響を受けるわけです。これは何度でも書きます。毎日食べていくだけで精一杯の人たちがバブルを止めることは不可能です。政治の的確な政策が必要です。

これらの公共投資や特定グループの企業の優遇政策は、景気下支えをするという理由で行われました。しかし、不要な公共投資という、財政によるお金のバラマキをすると、どういうことが起こるでしょうか。結果として産業の構造的問題を未解決のまま先送りする原因になってしまうことがあります。経済的に理由のない優遇政策をすると、経済資源の最適な再配分を妨げてしまいます。さらに、時代遅れの公共投資による景気刺激策で、銀行とバブルに踊った問題企業のつながりを継続させてしまうことにもなりかねません。

戦後の日本復興期には、公共投資と特定業種の企業優遇によって重化学工業が発展しました。このときとは事情が違います。戦後は、それまでなかったものを作って発展させたのです。ところがバブルのときには、すでにあったものが機能していなかったのではないでしょうか。それを改革する機会を失ったと言えないでしょうか。

バブルの処理の過程で、銀行はどう考えていたのでしょうか。問題化した企業に対しては、すでに融資が行われていました。その融資は不良債権になっていました。銀行は問題化した企業に融資を止めると損切りをすることになります。それとともに、企業の存続を危うくしてしまい、その企業で働く人たちの生活も危うくしてしまいます。それよりも、追加の融資をしたほうが、少しでも利益が出ると考えたようです。先行投資が無駄になるから、追加の投資をしましょうという理屈ですね。旧日本陸軍も同じ過ちにおちいっていたと言う人もいます。過ちの繰り返し、何度やっても学ばないように見えます。学ばないのではなくて、知っていてもやりたくないのかもしれません。

不良債権が減らなかった、もう1つの大きな理由があります。不動産関連の不良債権の場合、地価がまた上昇する可能性があります。そうなれば、不動産が持っている担保価値が上がります。銀行は、不良債権だからといって、すぐに不動産を自分の管理下に置くこと、すなわち担保回収は避けようとします。この担保回収などの方法を「直接償却」と呼びます。銀行は不動産の値上がりを期待して、直接償却を避けるわけです。その代わり、貸倒引当金などを使います。貸倒引当金というのは、まだ貸倒れしていない債権について、貸倒れのときのための費用というか損失を、予算の上で積んでおくお金です。このような方法を「間接償却」と呼びます。この間接償却を選んで、銀行の会計の主な手段にしたことが、不良債権が減らない原因になりました。その一方で小さな不良債権は、直接償却していたという話も聞きました。

間接償却は、融資が回収不能になることによって発生すると予想される損失を、あらかじめ引当金として積んでおくやり方です。不動産価格がまた上がってくれれば元を取れます。しかし、現実には、不良債権化した不動産の価値は下がる一方でした。ですから、事態はさらに悪化する一方だったのです。

バブルがはじけた後には、これからどうなるだろうと不安が社会を覆います。そのとき必要なのは、事実を知ることなのです。そして、どう治療をしているのかを示すことです。それには、正しい情報が必要です。それがないと、政府や金融機関に対する不信ばかりが大きくなります。情報を出さないということは、一般の人たちには知らせない方がよいと考えているからです。本当のことを知るとわけがわからない行動を起こす人が多くなって、収まりがつかなくなると思うのでしょうか。何が起きているかわからない不安の方が怖いと思いますが。

情報開示をディスクロージャーといいます。ディスクロージャーの不徹底は、銀行、旧大蔵省、金融庁に対する不信感を大きくしてしまったと思います。金融機関の不良債権額の公表は、意図的とも思われるほど、いつも遅れていたような気がした方は多かったでしょう。発表するときには、民間シンクタンクやマスコミ報道による不良債権の推定値に比べると、意図的と思われても仕方がないほど小さい数値でした。不信を招かない方が不思議だったでしょう。アメリカの金融当局は、日本は政策当局よりマスコミの方が不良債権額を正確に把握している、と言っていたほどです。

さらに、1993年に初の野党政権が誕生したことで、政権交代とそれによる行政の一貫性のなさが不信を大きくしたのではないでしょうか。その影響で住専処理の挫折が起こった、と考えることもできるかもしれません。

住専というのは、正式名称を住宅金融専門会社といいます。本来、個人向けの住宅ローンを中心に取り扱うノンバンクです。地価の値下がりで、元金どころか利子を払えない借り手が続出しました。住専全体で6兆円を超える損失があることがわかりました。

1995年12月に閣議で打ち出された住専処理策が翌年の国会で紛糾しました。住専問題解決のための公的資金投入は、たかだか億単位でした。しかし、マスコミや国民に激しくバッシングされます。不良債権問題の本質を隠し続けていたので、国民は住専処理対策にびっくりしたということだったのでしょう。それまでの情報開示が不徹底だったことが招いたものと言えるのではないでしょうか。不良債権処理をするには、兆単位の公的資金が必要となります。億単位で紛糾した住専処理を見て、大蔵省は根本的な解決を目指すことに腰が引けたと言う人も出てきました。

1996年11月に発足した橋本内閣は金融改革を目指します。その中で、アメリカの敷いたレールに乗り、グローバル化路線へ進む決定的作業をしました。アメリカの方向性は、世界的に公正な制度により、どの国も恩恵が受けられるようなシステムを目指しています。しかし、すべてがこの目指しているシステムを実現するためのものかというと疑問はあります。アメリカも自国の利益を確保したいですから、アメリカへの利益誘導のシステムがなかったとは言えないと思えます。アメリカの目指したことは「フリー(市場原理が機能する自由市場)、フェア(透明で公正な市場)、グローバル」です。「グローバル化」というキーワードがよく使われるようになったのは、これ以降ではないでしょうか。今でも、日本全体を揺さぶっているこの「グローバル化」ということばのもとで起こることが、すべて日本のためになっていると考えるのは難しいと思います。

グローバル化ということが何か、それが日本にとって何をもたらしているのか。また、何をもたらしたか。よく考える時期に来ていると思います。グローバル化が富の極端な偏在を招いてしまう原因になる可能性もあります。

橋本内閣のときは、少し持ち直し始めた景気を、消費増税と同時に進行していたアジアの経済危機が直撃しました。１９９７年のアジアの経済危機は通貨危機でした。アジア各国の通貨が急激に下落しました。原因はアメリカのヘッジファンドにあります。この影響で日本は融資がまた焦げ付き始めました。緊縮財政と重なり、１９９７年と１９９８年の日本の金融危機の原因の１つにはアジアの経済危機がありました。１９９８年10月に長銀が国有化されます。12月には日債銀が国有化されました。アジアの経済危機はアジアにとどまっていたわけではありません。ロシアやブラジルの通貨危機にもつながりました。

１９９７年末の金融危機に対する日本政府の対応策に別の道があったのではないかという意見もあります。国有化された銀行は長銀と日債銀の２つです。他にも危ない銀行がありました。より多くの銀行を経営破綻と認定して、経済全体のシステムの作り直しをすればよかったという考え方です。このために必要な財政上の出動と、金利政策などで大きなコストがかかります。

それでも、現実に行った政策で必要だったコストに比べたら、結果的には安かったのではないかという意見があります。しかし、金融機関を解体するのは、金融機関が地域に密着していればいるほど、社会不安を巻き起こします。不安が消費者の買い控えなどをひきおこし、企業の業績をさらに圧迫するということもあります。社会生活を送る人たちの気持ちも、経済を考える上では大切な要素です。どちらが良かったか、難しいところです。

このように見てくると、不良債権を早くなくそうとするのではない政策がとられているような気がしてきます。それが、さらに不良債権を生み出してしまったということもあるようです。不良債権を早期に解消すると、かなりの予算と痛みが伴います。また、その中で生活している人への影響も大きかったでしょう。一方で、不良債権を長期にわたって持つことによるコストの増加で、かなりの予算が増えてしまいました。その後の経済の状態を考えても、実際にとられた政策によって、長きにわたり不良債権の影響が一般の人たちの生活を苦しくした面もあります。どちらが良かったか判断は難しいでしょう。

第5章

勇気をもって
ダウンサイジングを

1 会社の資産もバブルで消えた

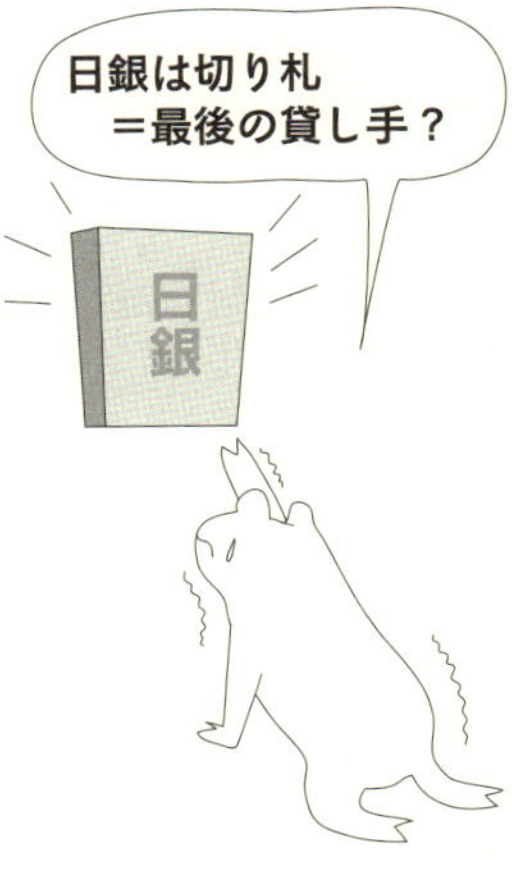

バブルの後、株価の下落と不良債権の増加で最初に証券会社の具合が悪くなりました。政府の金融に対する見通しも甘かったのかもしれません。それが何を招いたのでしょうか。バブルぼけをして、株は下がらない、土地の値段は下がらない、といつしか思い込んでしまった人たちが、今度は株の下落と地価の下落を目の当たりにしてしまいました。

1997年に、三洋証券が破綻しました。ここから金融機関の破綻が始まってしまいました。この後、金融機関同士がぎくしゃくしてしまったような気がしたのは私だけでしょうか。その原因は何でしょうか。

このお話をするには、インターバンク市場についての知識が少し必要になります。インターバンク市場は金融機関がお互いに資金の貸し借りをして、その運用と調整をする場所です。金融機関は預金をすべて現金で用意しているわけではありません。その日に必要な現金は各金融機関で違います。余っているところは貸して、足りなそうだなと思うところは借りることになります。お互いに融通し合う場所です。短期的に資金繰りに困っても、ここで一応ショックを吸収しておくこともできます。

インターバンク市場は、金融機関しか参加できません。1日の貸し借りから1年くらいの貸し借りを調整する場所で、短期資金を調達するのに便利なところです。貸し方と借り方の仲介は短資会社が行います。銀行間の貸借を取り持つ短資会社は、当然のこととして日銀の意向を汲んで動く会社です。日銀からの天下りの人も多かったようです。インターバンク市場は特定の場所があるわけではありません。電話で取引をしていました。その取引がうまく流れるようにする役割が短資会社です。

インターバンク市場には、コール市場、手形売買市場、東京ドル・コール市場があります。さらに、コール市場には有担保コールと無担保コールの取引があります。コールというのは、「呼べば答える」という速い取引を行う場所で、1ケ月未満の貸借が原則です。ここで貸す方のお金をコールマネーといい、借りる方のお金をコールローンと呼びます。これからのお話で大切なのはコール市場の無担保コールの場合です。

有担保コールというのは、担保を提供して借りるコール市場です。そのときの担保は日銀が適格担保と認めたもの、たとえば国債のようなものです。日銀から金融機関が借り入れるときに担保として認めてもらえるものが日銀適格担保です。

これに対して、無担保コールは名前の通り無担保で貸し借りをするコールです。貸し手と借り手が短資会社に取引金額、利子率、期間などの取引条件を提出します。短資会社は条件に合った金融機関同士に出合いを作ることになります。

有担保コールでは、借り手に対するリスクは短資会社が負います。無担保コールでは、借り手に対するリスクは貸し手が負います。ですから、不良債権の処理でうまくいかなくなっている金融機関に、貸し手の金融機関が無担保コールで貸すのは危険が伴うわけです。

三洋証券は破綻する前、大蔵省の９ヶ年再建計画で再建されることになっていました。その計画が、計画通りに機能しませんでした。結局、三洋証券は１９９７年11月４日に破綻してしまいます。そのときは証券会社も破綻する時代になったのだと思うだけの人もいたでしょうし、これから何が起こるのかわからない、と不安に駆られた方もいらっしゃったと思います。しかし、表面にはあまり現れない混乱がコール市場に起こっていました。三洋証券が借りた10億円の無担保コールがデフォルト、すなわち債務不履行になってしまったのです。これでコール市場は混乱してしまいました。株価は下がって、地価も下がっています。減少につぐ減少です。もちろん金融機関に余裕はありません。バブルがはじけて、どこも資金が不足しています。そこに、毎日の現金を扱うコール市場にも穴が空きました。金融機関の当座の現金を扱うコール市場は、金融機関の日常業務の支えです。ここに不安が出てしまいました。

そのため、金融機関同士は何も信じられなくなり、短期の資金の貸し借りを行うインターバンク市場が機能しなくなってしまいました。これが三洋証券破綻の後の金融機関がぎくしゃくして関係がうまくいかなくなっていた原因ではないでしょうか。

邦銀同士でさえお金が回らないのです。お互いに相手が潰れるかもしれない不安を持っているから、お互いに貸し出さないのです。邦銀同士が信じていないのだから、外銀が邦銀を信じてお金を貸すはずはありません。

インターバンク市場はとても大切な役割をしています。銀行が危なくなったときにはまずインターバンク市場でショックを吸収し、それでもまかないきれない場合に初めて中央銀行、日銀が登場します。ところが日本の場合、インターバンク市場が機能しなくなったために、ショックを吸収する場所がなくなってしまいました。このようなショックをいったん吸収することを、バッファと言うこともあります。このバッファ効果がインターバンク市場になくなりました。何かしら問題があったときは、インターバンク市場でまずできるだけ処理する努力をするはずですが、それができません。ですから、問題が起きるたびに、最後の貸し手である日本銀行が出てきます。本来、日銀は最終手段としての切り札です。切り札をしょっちゅう切っていたら、切り札ではなくて普通のカードになってしまいます。非常事態がいつものことになってしまいました。資金をマーケットに供給することが日銀の日課となってしまったら、最後の貸し手の意味がありません。というより、日銀の供給する資金を当てにして資金繰りを組み立てるという、自己責任を放棄する方法もできてしまう状態だったと主張する人もいます。インターバンク市場は、金融機関が毎日円滑に営業するためにあるものです。インターバンク市場において、自己責任の感覚のない金融機関は、何のために自分たちが存在するのかを忘れてしまったのと同じことではないでしょうか。

三洋証券の破綻は、銀行でないと助けてくれないという意味に受け止められたと言った人がいました。「金融当局は証券会社を守らない」という主張です。ただし、金融当局も三洋証券の再建計画を作っていましたし、業績の相対的に良い証券会社との合併などの計画もありました。しかし、それぞれがバブルの後の資金繰りの悪さ、不良債権の処理ができないことなどで、成功しなかったわけです。

金融当局の発言が一貫していないことが、金融機関の疑心暗鬼を増加させたと言う人もいました。金融当局が最初は守るから資金を提供して欲しいと言い、破綻した後では融資は自己責任と言って、インターバンク市場を混乱させたと言う人もいました。

その結果、飛ばしのうわさが絶えないため信用力が落ちている山一證券が次につぶれるのではないかと注目されました。「飛ばし」というのは、おおざっぱに言うと会社の会計報告のときに、債務を隠しておく手段です。簿外債務とも言うことがあります。山一證券はこれが多かったといううわさが絶えませんでした。そのため山一證券の資金繰りは一気に悪化したのです。山一證券の系列に山一投信がありました。北海道拓殖銀行は、その山一投信からの資金融通で何とかやりくりをしていました。ところが、山一證券の資金繰りの悪化から、山一投信は全余裕資金を山一證券に回しました。そのため、北海道拓殖銀行に融通するお金がなくなってしまいます。全体で２０００～３０００億円を調達していたのですが、その中の山一投信からの分、数百億円が消えたといわれています。北海道拓殖銀行の危機は一挙に表面化しました。

山一證券と北海道拓殖銀行の破綻によって、国民にも大変なことが起こっているという感覚が広がったようでした。前に述べた住専への６８５０億円の公的資金投入でさえ国民の反感を買いました。それまでの情報公開が不十分で、不良債権が突然現れた感じを受けたのでしょう。今度は、大きな金融機関が２つ破綻しました。金融機関に大きな公的資金が投入されることに、反発しないような世論が形成されたと考えられたということでしょう。

２つの大きな金融機関の破綻のあと、１９９７年12月、橋本政権は30兆円の公的資金導入を決めることができました。住専のときは億単位のお金の公的資金投入にあれだけ反感を持たれたのに、金融機関の大きな会社が２つ破綻したことで、公的資金投入に対する国民の反対の声は小さくなっていました。

それだけではありません。このとき、えっと思うようなことが起こりました。会社の経営状態の悪さがあまり表に出ないような措置がとられました。金融機関だけでなく、会社は他社の株式を買っています。その売買によってある程度の利益を出す目的もありますが、グループ企業でお互いの株を持ち合うこともあります。乗っ取りのための乗っ取りをする会社が世の中にはありますから、その対策にもなります。ハゲタカファンドに株を買い占められないようにするためです。ハゲタカファンドは会社を買い取って、欲しいところに高く売るという商売をします。

このとき企業会計の中で、保有株式評価に関して低価法ではなく原価法にすることも認めることにしました。バブルがはじけて株価が下がっていますから、買ったときより株価が下がっているのが当たり前です。そのときの株価＝時価が、買ったときの株価＝簿価を下回るのが普通です。株は財産ですから、それが減少しているわけです。この場合に減少した差額を評価損として計上しなければならないのが低価法です。これが当たり前です。会社の財産が減少したのに、減少したことを隠しては、本当の姿がわかりません。ところが、このときは原価法を採用しました。原価法では株式の値下がり分の損を計上しなくても構いません。これは禁じ手だということです。たとえば銀行が預金で株を買っているとすると、株が下がれば預金を減らしたことになります。この減った金額を損にしなくていいわけですから、その銀行の持っている資産価値は正確に消費者に伝わりません。このような方法に基づいた会計報告は信用できないというより、見てもしょうがないということになるでしょう。

財産が減るのは誰でも怖いです。増えるのはうれしいです。物やサービスを生み出して増えた財産は使わなければなくなりません。株や土地の値段は、何かで価値が認められると上がります。しかし、その価値は皆が認めたから上がったので、価値がない、と気が付いた人が多くなれば瞬く間に下がります。ノートの上で株価が上がって儲けたお金は、そのときに売らなければ手元に残りません。持っていて株価が下がれば、ノートの上で損が出ます。買ったお金より、現在のお金が下がるわけです。ノートの上の赤字でも損は損です。それは、稼いで埋めないといけません。そのとき、また株や土地の値が上がるのではないかと思うと、いつまでも借りたお金の利子を払い続けたりすることになります。損が増えてしまいます。地価が下がった土地をいつまでも持っていないで、なんとか付加価値を付けて売るとか、物とサービスを作り出さなければなりません。減少してしまったことはそのまま受け入れて、ソフトランディングさせることが必要です。余計な禁じ手を使うと、さらに禁じ手が禁じ手を呼んで、いつまでも経済が健全な状態に戻らない気がするのは私だけでしょうか。現在だって、本当にはじけたバブルを治療したのか疑問です。

2 不良債権の真の怖さ

世の中で怖いものは何でしょう。お化けは怖いです。人間の方が怖いという人もいます。たしかに、人間の方が何をするかわからないので怖いです。そして、人間の作ったものが一人歩きするのも怖いです。それと、人の気持ちが、それも負の方に振れた気持ちが社会の中に醸し出されるのは怖いです。生活しているときの精気をなくしてしまいます。

本当に怖いことは、目には見えないところにあります。

働く人の精気が削がれると、いろいろな数字が減少傾向に向かいます。こういう減少傾向には気を付けなければなりません。しかし、減少にも良いこともあるし、悪いこともあります。その裏で起こっていることは、目には見えません。大切なことは目には見えないというのは本当です。ですから、少しでも数字を素直に見ることが必要です。

銀行にとって不良債権は負の数字です。自己資本の減少になります。貸したお金が回収できないのですから、損が出てしまうのは当然です。このとき不良債権の処理や、自己資本比率の確保を最優先するために借りたお金の比率を少なくするとどういうことになるでしょうか。思わぬ副作用が生まれました。それどころか経営難に陥る例もありました。不良債権処理をするときには、土地を銀行管理にして、そのまま売るか、お店に使えるように整備して転売するような処理が一般的です。このような処理をすると、それでなくても地価が下がっているので、ますます安くなってしまいます。それに付随するビルや家などの不動産もいっそうの値崩れを起こしました。すると、それがまた、銀行の不良債権の回収率を下げます。さらに、債務を持っていた会社が経営不振になってしまいます。

不良債権の状態にはグレードがありました。銀行によって違いますが、「その他要注意先」、「要管理先」、「破たん懸念先」などの名前で呼ばれていました。銀行の不良債権処理への傾倒で、新たに不良債権がグレードダウンしてしまいます。たとえば、その他要注意先から要管理先、破たん懸念先などへと悪化する事例が続いたのです。これは銀行に打撃を与えるとともに、失業者、倒産を増加させてしまいました。そうすれば、消費者も企業も購買能力が下がりますから、デフレ圧力を強めたことになりました。不良債権処理しか頭にないと、銀行は自分で自分の首を絞めることにもなるのです。

さらに、不良債権に目先を曇らせて、本来の仕事を忘れます。中小企業の社長さんの息子さんから聞いたお話です。バブルがはじけたあとに、大きい会社から受注を受けたそうです。その品物の原材料を買うために手形を切りました。納品した後で、その大きな会社が切った手形が台風手形でした。台風手形というのは、お金にできるのが210日より後なので付いた名前だそうです。そうすると、原材料を買うために切った手形の現金化に間に合わなくなってしまいました。そこで、銀行にお金を借りる交渉をしたのですが、断られたそうです。台風手形といっても、お金は確実に支払われます。それがあっても銀行が貸さなくなっていたのです。これでは、銀行自体も貸した利子で利益を得るという、本来の仕事を忘れたことになります。それだけではなく、このお話で大切なことは、手形と手形の現金化できる時期のずれを埋めるという、支払猶予の役割を銀行がしていないということです。金融機関が支払う手形と入金の手形の時間のずれを埋められないと、信用創造も順調にはいきません。銀行がなんのためにあるかということを忘れていたわけです。たしかに銀行も一企業ですが、銀行が企業として存在できる理由は、自分の業務を正しく行うからでしょう。その中には当然、支払猶予も入っていると思います。

金融機関は物を作れません。物を作る会社に融資して作ってもらわないといけないのです。物も作らずに、株を買えば上がった、土地を買えば上がった、買った物を担保にしてまた買って、また上がる。しかし、利益は確定しないと利益にはなりません。ノートの上だけで価格が上がっても、売って利益を確定しなければなりません。信用貨幣だけで動いていると、現実のお金が動きません。これが怖いです。現金にする前にバブルがはじけて、借りた1億円で買った土地が5000万円になったとしましょう。これで5000万円の損です。ノートの上の利益を確定しておかないとこういうことになります。もっと儲けられるかもしれないと思うのでしょう。自分の売った株で、その人も儲けられるかしら、と思うところで止めておけば問題はないのです。バブルはその判断を鈍らせます。5000万円の損が出たら、個人なら5000万円働いて返さなければなりません。利益はノートにおいておけますが、負債は期限までに返さないといけません。働くしかないのです。

バブルの後始末については、不良債権の処理が遅れた、いや、急がない方がいいなど、いろいろな意見があります。ただし、ここではっきりしているのは、株式市場、地価取引から、全部含めて1000兆円が消えたことです。ノートの上で1000兆円消えても、それは借金です。よく、日本の国が500兆円のGDPを作り出しているといわれます。500兆円のGDPの中には、消費者の生活費もあれば、企業の必要経費もあります。すべてを1000兆円の借金に向けても、2年で返せるなんていう計算は成立しません。

バブルの後のデフレ圧力はGDPも減らします。それではどうすれば良かったのでしょうか。

少なくとも1つだけ考えられることは、自分の仕事をやり遂げる、ということでしょう。銀行の役割は、お金を貸して物やサービスを作ってもらうことです。もちろん、預金をもらわないといけません。仕事がなければ、給与が上がらなければ、その預金も増えません。仕事を作り出すのも大切なことです。そして、それぞれの企業も、新しいベンチャー企業も自分の役割を果たすことが大切です。それは、消費者が買いたいものを作る、新しい需要を作ろうと努力することです。

あのときにお金をたくさん貸せる余裕は銀行にはなかったと言う人もいました。それは逆ではないでしょうか。当時は日銀の量的緩和政策がありました。お金はジャブジャブだったわけです。最後の貸し手、日銀という切り札を毎日切っているような状態でした。ですから、貸せたのに貸していない、貸すところがなかったのが根本的な原因です。つまり何が本質的問題であったかと言えば、金融機関から見て魅惑の新規投融資先がないということだったのです。インターバンク市場で余ってしまって行き場のないお金が1~2兆円もあったのです。三洋証券が破綻したときには10億円が飛んで大混乱になったのに、今度は金余りになってしまったのです。先ほどの中小企業の例を考えれば、あの会社には十分な担保を持って貸せたはずですが、バブルがはじけたことは、人間の判断力にも影響を及ぼすようです。怖くなって、貸せないのです。

貸そうとしても、一歩が踏み出せない金融機関と、新しく需要を増やそうと努力をしない企業では、不良債権を埋めるような仕事はできなかったでしょう。この後遺症は、今でも続いています。景気が上向いたと感じて、仕事も増えている。それで、たしかに利益も増えているのを実感している中小企業の経営者さんが、なぜか給与を上げられません。それは、バブルがはじけたときに、痛い目に遭っているからです。先ほどの例のように、台風手形ですが、担保がありますす。当然貸してくれると思っていても貸してくれない。さらに、他の会社を見ると、銀行の貸し剥がしに遭っている。100万円くらいの借金で工場を取られたなどという話が聞かれたときです。その記憶がある経営者の人は、儲かれば使わないで貯めておこうと考えます。そうしておかないと何かあったときに従業員を助けられません。中小企業で工場を経営している人が、業績が悪いからといって、簡単にリストラなどはできません。生産が追いつかなくなってしまいますから。一度少なくしたら、今度は技術のある人を雇えません。大企業が内部留保を300兆円以上貯め込むのとはわけが違います。

不良債権は怖いです。人間の心の中に見えない垣根を作ってしまいます。気が小さくなり、自由な発想もなくなり、ただの守りだけになります。これでは不良債権は埋まりません。

減少して赤字を出してしまったら、利益を増加させるしかありません。それをするには、新しい需要とそれを買える収入が必要です。経済評論家の内橋克人氏は、『誰のための改革か』

の中で、次のようなことを書かれています。

「日本全体で1000兆円がパーになった、それをだれかに押しつけるというのが、不良債権処理です。税金投入で国民全体に分けようが、銀行に押し付けようが、他の債権者に押し付けようが、会社を潰してそこで働いていた人たちを解雇しようが、失った資金は戻らない」。その通りなのです。ですから、今までまじめに働いてきたことを振り返り、自分の仕事を見直し、魅力のあるものを作るしかないのです。そして、金融機関が自分たちの責任を果たし、そういう企業に資金を投入するしか解決方法はありません。

さらに内橋氏は続けます。「だから、不良債権処理は不可能で、不良債権処理をすれば景気も回復するというのも大ウソです。ババ抜きのババを他の人に回すだけで、なぜ景気が回復するのか。本当の不良債権処理とは何か。失った1000兆円を戻すことです。これしかない。戻すためにはどうするかといえば、働いていない人たちや、業績が悪くなった企業に仕事を与えることです。雇用創出に必要な財源のためには増税をすべきで、そのカネを失業手当や失業保険などに回すのではなく、反対にそのカネを使って仕事をつくって雇えばいい」。

そのとおりです。働くしかないのです。しかし、これでブラック企業を弁護するようなことを言っているわけではありません。ブラックは一部の経営陣が儲けるためにやっていることです。バブルの穴埋めで余計なツケを回されるから、毎日毎日余計な残業をしなくてはならなくなります。ババを回すのではなく埋めなくてはいけません。埋めるための仕事は、需要を作るための仕事で、過酷な状況でするような仕事ではありません。そんな仕事で新しい需要は作り出せません。

新しい需要にはチャレンジが必要です。そのためには、リスクを負っても、新しいことをしようとする経営者が必要です。日銀がジャブジャブ資金を入れていたときは、金利が非常に低かったはずです。金利のリスクは経営者にはなかったのです。

不良債権は資産の減少を意味します。減少するのは誰でもいやです。これを早くなくしたい、なくせなくても見えないところへやりたい。その気持ちもわかりますが、こんなことを言う人がいました。「不良債権とは銀行が貸した金が焦げ付いて回収できなくなったことである。貸した金が戻ってこなくては新規の貸し出しができない。よって迅速に不良債権の処理を進めて、早く解消しなければならない」。この主張がおかしいのです。

銀行の不良債権を処理しないと、銀行にお金が戻ってきません。だから、新しく貸せない。お金はありました。日銀はつぎ込んでいました。お金が回らないことはなかったのです。この状態なら、不良債権がなくなっても、銀行はお金を貸せません。貸す自信と借りる自信がなくなっていました。これがバブルの後の大きな問題だったのではないでしょうか。

3
下がった評価で儲ける

株価が下がった、地価が下がったというときに、「では、そろそろ」と動き出す人たちもいます。株や土地が高いときには買うことはできませんが、安くなれば買えます。バブルがはじけると、適正価格に下がるのではなくて、下がりすぎることがあります。高いときに買った人には、不良債権として土地がのこっていますから、別の土地に投資する余裕はありません。ですから、地価を押し上げる力はないわけです。不良債権になっていますから、本当の価値より買いたたくことができて、安い物件を買えるようになります。

これは、会社についても同じで、会社自体が不良債権になっていても、その会社の技術とかノウハウとかは残っているわけです。業績が下がっていることで、また、会社が債務を持っていることで、社会的な評価額より安い値段で会社全体を買うことができます。バブルの後処理が落ち着いた後は、バブルに踊らない一般の人たちでも家計に余裕がなくなります。それで、あまり旅行にも出かけなくなります。人が来なくなり、経営不振になった温泉旅館を買い取るようなこともあります。

安く買い取った土地や会社をどうするのでしょうか。どんなところにも頭の良い人がいて、安くなりすぎた土地や会社を買値より高くする方法を知っています。

政府によって至上命題となっている不良債権処理は、それにまつわるビジネスを生み出しました。また、不良債権を使って儲けるビジネスを拡大させました。一時はこのタイプのビジネスが、外国勢、国内勢の両者を交え大活躍したのです。外資系企業やファンドだけでなく、国内企業やファンドの参入も相次ぎました。それらの活躍をドラマ化したのがＮＨＫの「ハゲタカ」です。皆さんの中にも楽しまれた方も多いのではないでしょうか。ハゲタカというと、イメージが悪いですが、その名の通りのような会社もあれば、買い取った会社の立ち位置を考えて、その会社の周りの環境や住んでいる人たちのことを考えてビジネスをする会社もあります。不良債権の処理をする会社が皆、文字通りのハゲタカではありません。

ドラマの中にも出てきましたが、これらのファンドはまず「デューデリジェンス」といわれる債権の詳細調査を行います。そして、買い取りした不良債権の回収または回収代行をして、安く買いたたいた買収企業を再建したりします。そうやって企業価値を高めることにより、転売や株式上場で巨大な利益を得る再生ビジネスが成立するのです。

１９９７年12月に東京三菱銀行が不良債権を売却しました。これが、日本における最初の大きな不良債権売却といわれました。北海道拓殖銀行や山一證券の破綻などで、金融業界が先を読めなかったのかもしれません。不良債権が投げ売りされ、その物件を外資系が捨て値のような値段で買い集めていました。買い手として名前をよく見た会社は、有名なところでは米穀物商社最大手カーギルの金融子会社のローンスター、ゴールドマン・サックスなどでした。アメリカのインベストメントバンクです。日本に進出した外資系ファンドは日本の金融機関が抱えていた、簿価約20兆円といわれる不良債権にねらいを付けました。これを買いたたいて３兆円ほどで買い、約１兆円の利益を出したといわれています。とても良い投資効率です。投資利益率は15％ほどにのぼり、２〜５年の短期で売却できたといいます。売却すれば利益を確定できます。買い取ってから、売れるだけの価値を付けたファンドの売却能力は高かったのでしょう。

荒稼ぎと言えば荒稼ぎですが、荒稼ぎをするような土壌を作った責任はバブルを認識しなかった日本の金融機関にもあるでしょう。また、バブルに踊った企業にも責任はあるでしょう。下がってしまった債権を持っているのは不安です。もう一度上がる見込みがありません。もう一度上がる見込みがあると考えて、処理を遅くしたのも外資系ファンドに買いたたかれた原因になったかもしれません。

外資系ファンドは、不良債権に付加価値を付けるか、会社の再建計画を建て、軌道に乗せる仕事をしていました。それで会社が建て直るなら悪いことばかりではありません。ところが、ここで心配になることがあります。

会社が立ち直るのは良いことです。日本の経済に対しても良いことでしょう。しかし、日本には伝統的な商売の方法がありました。会社を建て直すときに、外資系ファンドはこれを無視します。利益だけを追求して、過度な人員削減や、正社員を削って派遣を多く使うなど、日本の勤労習慣とは違った方法を持ち込んできます。利益だけを優先するのが会社ではありません。雇用を確保するのも、会社の社会的な責任です。

自分の国で正しいことが他の国でも正しいと思うこと自体が傲慢ですが、1つの方法が正しいと信じる理論というのは不思議なのです。おおむね西洋で発達した科学の発想は、たった1つの理論ですべてを説明しようとする傾向があります。東洋で発展した科学思想は、いろいろなことを1つの理論で説明しようとする態度があまり見られません。考え方が柔軟なところがあります。ただし、月を惑星が横切ったというような、昔の間違った観測記録も受け入れてしまうようなところがあります。経済の世界では、何が正しいかは難しいところです。利益だけを追求する1つの理論で世の中を見ることが、必ずしも正しいとは限りません。すべての人が利益を生むと考えられる合理的な行動を取るかどうかもわかりません。利益ではなく、皆で食べていくという考え方を優先する社会もあると思います。どちらが正しいかは別ですが。

それでは、外資系企業が不良債権を買っていたとき、日本の会社はどうしていたのでしょう。もちろん手をこまねいていたわけではありません。日本国内の資本が、すべてバブルで損害を受けていたわけではありません。不良債権がらみの不動産を処理して利益を出す会社を立ち上げる人たちもいました。こうした不動産ファンド会社には、ダビンチ、パシフィック、レーサムリサーチ、クリードなどがありました。同様な新興企業が乱立しました。そのような資本力を持っている人たちもいたわけです。

これらの会社が不動産投資信託を作ります。不動産投資信託は、一般の人から資金を募集して、そのお金をもとにして不動産に投資する金融商品です。不動産投資信託は、新たなる金融商品として21世紀の始めに普及してきました。株式と同じように証券取引所に上場されています。ですから証券会社を通して売買が可能になります。読者の方の中にも、証券会社その他から投資を推められた方もいらっしゃるかもしれません。

この時期に不動産投資信託ではなく、これらの会社に投資する人もいました。余裕資金のある人は儲けを出せたと思います。魅力的なビジネスに見えました。実際、この当時はこれらの企業にとって、物件を取得しやすい環境が続きました。２００６年3月期に固定資産の減損会計が導入されることになりました。減損会計は、固定資産に投資したお金が回収できるほどの収益性がなかったときに行います。その固定資産の帳簿での価値に、価値の下落を示さなければならないということです。減損処理とも呼びます。企業は下がった固定資産を持っているのを嫌がりました。それで、前倒しでそのような固定資産を売りに出していたのです。

新興不動産ファンドには、それが好都合でした。それぞれのファンドで得意分野があったようです。パシフィックは企業を再生するようなコンサルティングに力を注ぎました。クリードは不良債権の担保になっている不動産の処理や、競売になった不動産の中で大手企業が敬遠するような物件の整理をしていました。また、物件の補修などで利益を上げていました。レーサムリサーチは、不良債権となった不動産の再生や、不動産を仕入れて個人投資家などに販売することで業績を延ばしていました。それぞれ、自社の特徴を出して仕事をしていました。

このころになると、不良債権ビジネスも変わってきました。それまでは、外資系が機関投資家や資産家から集めた資金で不良債権や企業を買って、付加価値を付けて転売することが主流でした。長期信用銀行や日本コロンビアやシーガイヤを買収したリップルウッド、日本債券信用銀行を買収したサーベラス、東京相和銀行や目黒雅叙園を買収したり、不動産会社「地産」を支援したローンスターなどが活躍していました。

新興不動産ファンドが不動産投資信託を作って活躍するころになると、不良債権処理が一段落しました。処理しなければならない相手が、破綻懸念先と実質破綻先に移ったのです。会社更正法などの法律で整理しなければならない債権は、銀行はすぐに整理できます。大切なのは次の段階です。破綻予備軍の処理が大変なのです。なぜかというと、破綻予備軍の企業に融資している銀行は、1つではありません。何行もの銀行が貸していました。通常は筆頭債権者である主力銀行が面倒を見るのですが、他の銀行も逃げたと言われるわけにはいきません。後の信用に関わります。でも、これ以上の貸倒れは困ります。それで期待されたのが産業再生機構です。

産業再生機構は破綻金融機関の受け皿になるなど、不良債権処理を加速するために設立されました。預金保険機構の全額出資で、「住宅金融債権管理機構」と「整理回収銀行」が合併してできた株式会社です。1999年4月のことでした。

産業再生機構は10兆円の資金枠を持っていました。この資金で、破綻予備軍に融資していた非主力銀行から不良債権を買い取りました。次に、主力銀行と一緒に破綻しそうな企業の再建を進めました。産業再生機構が再生可能と判定すれば、主力銀行は支援を継続します。主力銀行以外の銀行は産業再生機構に債権を売却します。これで、銀行同士の探り合いがなくなりました。産業再生機構と主力銀行は、破綻予備軍の企業を他企業と組ませて再編したり、債権放棄などを使ったりして再建を目指します。もちろん、再建する企業を買い取るファンドや企業もありました。そのとき、再建する企業を買収したファンドや企業は、産業再生機構とメインバンクだけを交渉相手にすればよくなったわけです。主力銀行以外は債権を産業再生機構に売ってあるからです。非常に効率性が高まったのです。

良いことずくめのように見えました。しかし、まだ不良債権処理は終わっていません。うまく行けば不良債権がまた値上がりするのではないかと思っている人や企業は多かったはずです。いえ、多かったのです。そこで来たのが、またバブルです。このバブルを認識した人はそれほど多くなかったかもしれません。景気が上向きになったと思った方も多かったのではないでしょうか。

何が起こっていたのでしょうか。じつは活性化した不良債権ビジネスで、都市部の使い勝手の良い不動産だけは価値が上昇し始めたのです。平成バブルとは違って、すべての不動産が値上がりしたのではありませんでした。利用価値が高いところだけが値上がりました。これは不動産の本来的姿ですから、良いことに見えたのです。だからこそ、当時は希望をもってこう言われていました。日本もようやく土地神話を捨てて、使用価値や利便性で不動産を評価し取引する本当の不動産取引が定着していくようだと。便利なオフィス街、商業スペース、優良な住宅地だけが値上がりしたのでした。これがかえって、そのように合理化する隙を生んだのかもしれません。このときも、かつてのバブル崩壊で打撃を被り、これは異常ですよと警告している人はいました。しかし、先ほどのような、説得力のある合理的な理論ができあがっていました。真実を見ている人が、今度は違うと言われてしまいました。あれ、これもどこかで聞いた台詞ですね。

本当のことを聞きたくなかったのでしょう。不良債権だった物件が値上がりし、もっともな理由が説明できたのですから。バブルはどうやら人の心の中にある願望のような気がしてきます。バブルというより、お金が増える、利益を伸ばす、これはもちろん良いことです。しかし、限度があると思うのです。バブルはいつかはじけます。やはり不良債権ビジネスバブルも崩壊しました。先に挙げた、日本の不良債権を扱った企業が、今どのような形で残っているか、調べてみると読者の方も驚くと思います。Aさんもこれらの企業に投資して痛手を被った1人でした。

「バブルは崩壊して初めてバブルだとわかる」というのはグリーンスパン元FRB議長の有名な言葉です。バブルの中にいるときはバブルに気が付きません。「バブルは必ず破綻する」これは歴史の教訓です。それを消す言葉が「今度は違う」です。しかし、わかっているのに、なぜこんな馬鹿なことを繰り返すのでしょうか。わかっていないのです。というより、見たくないようです。ですから、人間が経験から学ぶということは、とても努力が必要で、才能も必要なのです。現実に向き合う強い心が必要です。

バブルがはじけると、いろいろなところに爪痕を残しました。とても良い温泉が立ちゆかなくなり、外資に買い取られたということもあります。ゴールドマン・サックスのような、温泉ホテルの経営などしないファンドが買うのです。その後、腕利きのマネージャーを使って温泉ホテルを再建して売りに出すわけです。営業形態も変わります。正社員を少なく、派遣を多くするなどして、今までとは違ったホテルになります。それまでそのホテルが地域の人の働く場だったのに、それが継続されるのかなど、心配なことがたくさんあります。

日本人の培ってきた伝統が、現代に通用しなくなったのなら仕方ないことと言ってよいのでしょうか。日本の資本にもっと頑張ってもらいたいと思います。そして、日本人も日本の伝統の良さを理解していないと、日本らしい営業形態を残すことができません。外国人がたくさん来てお金を落としてくれるので、外国人に使いやすいように変わっていく。一方で、伝統的な日本の在り方がなくなるのは良いことだとは思えません。温泉の入り方ひとつをとってもお国柄がでるものです。何でも外国に合わせるのはおかしなことです。経済が大きくならなくても、日本の中で、日本人が支えられるような状態を作るのは不可能なのでしょうか。

4 みんなバブルが大好き

バブルがはじけると、これでもかというほど国の経済が混乱し、国民の生活が苦しくなります。わかっていながら、なぜバブルを繰り返すのでしょうか。よく「歴史から学ぶ」と言いますが、歴史から学ぶ人はほとんどいません。歴史から学べるのは才能がある人です。経験から学ぶというのと同じでしょう。これも才能がないとできません。自分の考えていることに都合の良いデータをそろえて結論を出す歴史学者や経済学者もいます。自分の儲けになるような結論を導くデータだけを使う人も残念ながら存在するようです。悪意はなくても、特別の仮定が必要である結論であるにも関わらず、一般的に成り立つようにまとめる人たちもいます。

ビッグデータの時代だから、すべてのデータが手に入る。そう思うのは間違いです。データがいつも正しいことを言うわけではありません。人間はいつでも経済的に合理的な、最適な行動を取るというのが経済学の大前提です。しかし、実際には人間は損をするような行動を取ります。集まれば集まるほど、合理的とは言えない、おかしな行動がたくさん入ってきます。ビッグデータを推し進める人たちは、きっとそうしたおかしな行動も解析できると言うでしょうね。それをノイズと呼んで、統計的に処理もするでしょう。それでも、データは多くなればなるほど、本質を惑わすノイズが増えます。そして、うまくいったときだけ発表されて、失敗した例はあまり報道されません。ビッグデータを使いこなすにも能力が必要です。それでなければ、天才データアナリストと呼ばれる人はいらないわけです。全部わかっているなら、あとはデータの大きさに負けないコンピュータの処理能力があればよいだけです。

でも、そうではないのです。ビッグデータから学ぶにも多くの知識と経験が必要なのです。現代社会は、普通に働いている人が、それぞれ隣の人がやっていることを理解できないような複雑な状態になっています。専門家以外は何をやっているのかさっぱりわからない。非常に不安定な社会です。「これが正しいですよ、だからこれでいきましょう」、その理由は一人か二人しかわからない。そんな結論を出している会議がたくさんありそうです。その正しい結論と言われたものが、どういう意味で正しいのかを検証することが周りの人にできない。これは危ないですよ。専門家とかいわれる人間にいいようにやられてしまいます。経済社会も同じです。構造が大変に複雑になっていますから。

現在は、世界各国の相場が今までより結びつきが深く、かなり連動する動きがあります。株式市場など統一したルールで運用されるグローバル化が進んでいます。それによって、バブルの歴史の中には現れないような、複雑な金融商品が増えました。これからのバブルの発生やその崩壊が、過去のパターン通りになるとは限らないのも事実です。誰かが「これは万能の法則だ」と言ったときには、まず疑ってください。この社会には万能の法則などありません。万有引力の法則とは違います。万有引力の法則でさえ、微小な距離では成立しません。万能の法則などはないですから、バブルを未然に防いだり、投資において損失を防ぐ絶対的方程式があるわけではありません。しかし学習すれば、バブルはなぜ起こるのか、崩壊のシグナルについてわかるとまではいかなくても見当がつくようになるのではないでしょうか。それが経済理論の中に入るのか、人の心に関わることなのか、非常に難しいのですが。

いつの時代でも、人間の投機心と、みんな儲けているんだから恐くない、という群集心理がバブルの大きな原因を占めているのも事実のようです。「赤信号みんなで渡れば恐くない」では、皆大けがです。そういう意味ではバブルの歴史と投資家心理を検討することは重要だと言えます。そして、ついその中に入ってしまう、投資が未経験の人たちの心理もです。

オランダのチューリップバブルのお話は第4章で詳しく書きました。そのバブルの発生から崩壊までを見ると、次のようなことが起こっています。

1、好景気への期待
2、株価や地価などの資産価格の上昇
3、少額取引が可能になる
4、売買を容易にする流動性の向上
5、信用による後日決済
6、投資家の交代、知識のある人から素人へ
7、無価値な品物に価値が付く
8、理由のない価格
9、うわさの流布
10、不安の増幅
11、買い手不足、売り気配だけ
12、政府の対応のまずさ

の経緯をたどりました。その後のバブルでもこの各段階と同じような道をたどります。それでは、時代が今に近くなると、それに加わる新たな要因は何かを見てみましょう。

チューリップの球根は昔から存在したものがバブル化したわけです。日本でも一部の愛好家の間で蘭がバブル化したことがあります。趣味の品物がバブル化することはよくあります。範

囲が小さいですから、社会的なバブルにはなりませんが。

昔はなかった画期的な発明によってバブルが起きることもあります。それまでの社会的常識のようなものがひっくり返って、それまででは考えられない巨大な儲けを期待してしまうのです。その期待が抑えられないくらい高くなり、画期的な発明に多くの人が投資してバブルを起こすことがあります。画期的な発明によって社会が変化することをイノベーションと呼びます。このイノベーションによる新規市場の開拓によるバブルです。従来なかったものですから当然その利益も未知数なのです。それだけに、いやが上にも期待が盛り上がります。しかし、未知数ですから、誰もその発明の利益のレベルを把握できません。経済的効果を計算できる人がいるかもしれませんが、一般の人にまでその予想は伝わらないでしょう。

このタイプのバブルで史上初の例が、恐らく、１６９０年代イギリスで起きた新興企業バブルだと思います。カリブ海に沈んだスペイン船から財宝を引き上げたことだけでも、バブルになってしまったのが、この例です。引き上げたのはイギリスの海底調査船です。こんな宝探しがきっかけでもバブルは起こります。沈没船引き上げ会社が多く設立され、海底から財宝を引き上げることに投資が殺到しました。まるで宝探しを地で行っているような話です。こんな怪しげな儲け話でも、人は踊ってバブルになります。沈没船をサルベージするというイノベーションが新規市場を開拓し、多くの人の夢と野望になったわけです。宝探しが希望になって市場が大きくなる。これはやはりおかしいでしょう。

この新興企業バブルが起きたときの１６９０年代イギリスの社会的な背景はどのようなものだったのでしょうか。じつは社会の中に次のようなことが整備されていました。

1、株式市場が整備されて、だれでも株式投資ができるようになった。それまでは、特定の人たちが株式投資をしていた。

2、信用取引が拡大した。その原因は手形取引制度が整備されたからである。少額でも大きな金額の取引が可能になり、株式市場へ流入するお金が増えた。

現実のお金を持っていなくても、持っているお金の何倍かの取引ができるようになるわけです。架空のお金が動いて、信用貨幣での取引が大きくなっているわけです。けれど手持ちの何倍かのお金で投資をして、そのお金で損をすれば額面通りの損害になります。当然それは埋めなければならなくなります。いやな予感がします。

さて、バブルが過熱してくると、投資対象がもともとの沈没船のサルベージを行う事業会社だけではなくなりました。これはバブルでない株式市場でもよく起こります。ある会社の株が上がると、関連会社、関連事業の会社の株が上がります。バブルのときはもっとたくさんの周辺分野の企業への投資が広がりだします。たとえば、サルベージ事業に関連した潜水技術の開発会社やメンテナンス会社などです。そうこうするうちに、新技術関連で危ない動きが出てきました。ごろつきが現れるわけです。なんとかゴロといわれる詐欺師たちです。新技術関連の知識は一般の人たちにわかることではありません。詐欺師は知識を持っている人が少ないところを狙うのです。次第に実体がなく、投資家をだます詐欺まがいの新会社が設立されるようになりました。このような会社が素人からお金を集めようとするわけです。バブルのピーク時には、投資には縁のなかった若い女性なども株式市場に参入するようになります。素人投資家を狙って、詐欺まがいの新会社が資金を集めます。

これが、素人が知らないところに投資しているというバブルの1つの特徴になります。ですから、現代のように、どのように運用され、どのように利益が出るのかわからない金融商品が出てくることも危険なのです。投資している相手についての知識がないこと、これが危険だというのは当たり前なのですが。周りが儲けていれば恐くないという感覚はすぐに芽生えます。

人間の心の中には、こつこつと働くより一攫千金を目指すような性質があるようです。急速な拡大が欲しいわけです。地道な努力をして少しずつ成長をすることは嫌いなのが人間なのでしょうか。人間の心の奥には、縮小して安定することに恐れがあるような気がします。減っていくことはたしかに恐いでしょうが、宝探しで市場が異常に拡大する方がどう考えても恐いのです。それが普通だと社会全体が思ってしまうことがさらに恐ろしいです。

新興企業バブルは第二次英仏戦争の影響で金融システムが混乱したことによりはじけまし

た。できた新会社は7割が倒産しました。

　ところが、イギリスの新興企業バブルで現れた詐欺まがいの会社が、現代の日本でも現れました。またAさんの登場です。ＩＴバブルのときの本命はソニーとかソフトバンクなどの大手企業でした。そのうちに、バブルのご多分に漏れず、いわゆる泡沫企業が現れだしました。昔のバブルを検証すると現代にも通用することがわかります。Aさんはろくすっぽ調べもせずに、光通信なる会社の株式に投資しました。名前だけ見て、てっきり光ファイバーケーブル関係の企業だと思い込んでしまったのです。運良くAさんは少し儲けたところで光通信の株を売りましたが、その後に光通信の株価が大暴落したことを知りました。Aさんが驚いて調べてみたところ、なんと、その会社は単なる携帯端末の販売会社でした。少しは投資の知識のあるAさんでもこうなのです。バブルのときの人の気持ちは普通ではないのです。

　さらに、ＩＴバブルのときにはまったくのでたらめのＩＴ関連会社株も出回りました。木村剛氏によると、企業舎弟や行き詰まった不動産会社が単に名前を変えただけのものもあったようです。さらにはＩＴが拡大解釈されて、スペースシャトルの関連部品を作っている企業とか怪しい話が市場に立ちこめました。ＩＴに関連のない会社が20倍もの株価になって、典型的に需給だけで動く仕手株となっていました。

　ＩＴバブルがはじけると、株式を取引する新興市場ごと消えました。しかし、新興企業投資はその後もブームとなって繰り返し行われます。中には本物もありますが、多くは投機への熱狂を利用して資金を集めるためだけの、詐欺まがいとも言える会社ばかりでした。これら実体のない新興企業への投資は、投資家側も最初から事業の成功を期待してはいません。ただ、より高い値段で買ってくれる、新しい素人投資家に転売することが目的でした。新しい市場、新しい技術という言葉は、素人を惹きつけるのに大きな魅力を持っているからです。実際に、投資の指標となる数字、PERもとんでもなく高いのですが、将来の利益の成長性を考えれば高くないなどと言うわけです。前にも出てきましたが、PERは株に投資したお金を何年で取り戻せるかという意味を持った数字です。数年後に見込まれる利益で割れば実質PERは高くない、などと言われれば、素人は本当か嘘かわかりません。それ以上に儲ける方へと目が行っていますからだまされてしまうのです。

バブルは気持ちのよい刺激のような作用を人の心にもたらすようです。第3章で等比数列の増え方をご説明しました。人間の刺激に対する反応は、等比数列と深い関係があります。刺激の強さが2倍になると、人間は刺激の目盛りが1だけ増えたように感じます。刺激の強さが4倍になると、感じる刺激は2目盛り分増えたように感じます。刺激が8倍になると3目盛り分増えたように感じます。ですから、外からの刺激に急激に鈍感になっていきます。バブル時代に流行した大音響のディスコで踊るのが好きな人たちに、難聴の症状が出ることがありました。刺激が強くなればなるほど、刺激に鈍感になっていきます。それで、大きな音で聴覚に異常が起きていたようです。

バブルの儲けもかなりの刺激を人の心に与えるようです。その刺激に鈍感になって、もっと刺激が欲しくなります。もっと儲けられるという幻想の中で生きるようになります。世間の気持ちがそのような状態になっている中で冷静になるにはかなりの能力が必要です。市場から学ぶ経済学と経済学者の発言は、第4章から書いてきたようにほとんど役に立たなかったのは見ての通りです。現実に起こっていることの本質を見ていた経済学者や評論家はほんのわずかでした。その方たちが「これはおかしい」という発言をすると、刺激が欲しい人たちから、「高い価値が付いていることじたい、景気が強い証拠なんだ」という反論がきます。これは、バブルがはじけるのではないかという不安を指摘されて怒った結果の感情的な反論かもしれません。屁理屈にも何にもなっていませんから。人は本音を突かれると怒るものです。

冷静になるには、正しい知識が必要です。それがないと何度も同じ間違いを繰り返します。これからも繰り返すでしょう。昔のバブルを学ぶ機会が少しでも増えれば、適切な知識を使える人が多くなり、バブルが短くなり、被害が小さくなるでしょう。しかし、現代のバブルは、政治家や大企業の好きなグローバル化と信用創造の拡大によって、全世界を巻き込んでしまいます。バブルを起こさないように、起きても短くなるように、知識の蓄積は大切です。

5 どうすれば幸せになれるのか

繰り返されるバブルの経緯を見ていると、経済政策が役に立つことがあるのだろうかと思ってしまうことがあります。もちろん、経済学だって同じです。結局は後付け理論ですから、先見性はないわけです。経済学者は先見性があると言っていますが。正しく仮定を入れて議論されている方もいらっしゃいます。データにうそはつけないとおっしゃいますが、提示されるデータも、分析の仕方も厳密ではありません。

病気には予防が大切なのですが、経済政策では予防が成功していないようです。病気のときに自分が病気だとわからず、病気が発する毒の気持ちよさに酔ってしまう。そんな症状があるのでバブルは怖いです。特に、信用創造ができるようになった現代では、信用創造の仕組みが弱かったチューリップバブルの時代より、はるかに怖い病気になっています。

その病気に前もって気が付く人たちは、症状をよく見ていて、そろそろ薬を飲まないといけないとわかります。後から病気にかかった人たちのほうが、立ち直るのが大変です。そして、バブルという病気とは縁のなかった周りの人たちも巻き込みます。

このように、後になってから深刻さにあわてる現象はバブルだけではありません。年金が破綻してしまった、その原因は少子高齢社会だと言ったりします。しかし、少子高齢になるのはずっと前からわかっていたはずです。給与をもらう人たちは、毎月、年金の積み立て分を天引きされていますよね。あのお金はどうしたのかしら、と言う人がいてもおかしくないのです。後から足りないと言われてもどうしようもありません。社会に害を及ぼす経済問題はバブルだけではないのです。

バブルは大きな被害をもたらす分、注目されます。その後の銀行の貸し渋りなど、バブルでないときにも起こる経済問題を引っ張ってきます。ですから、ここまでバブルを中心にお話を進めてきました。

第4章でお話ししたオランダにおけるチューリップバブルから、典型的なバブルの歴史が始まりました。そして、記憶に新しい2008年のリーマンショック、2015年の中国バブルの崩壊まで、よくもまぁと言うくらい、同じことを繰り返してきました。もっと小さいバブルは3年に一度くらいはじけていると言う人もいます。そのたびに企業業績が悪くなります。そしてリストラを伴う再建をします。小さいバブルがはじけたときに、儲けたときの利益を貯めた内部留保は効かないようです。そのための用意をしなければならない。だからそんなに給料は上げられない。「オオカミが来るから、そのための用意をしなければならない」というのが経営者のいつもの発言です。でも、本当にオオカミが来たときには、あったはずの内部留保はどこに行ったのか、役に立ったためしがないということになります。次の小さいバブルが来て景気が良くなっても、前に失業した人が全員再就職できているわけではありません。困ったものです。

多くの情報が出回り、金融技術がかなり高度になって、経済状態の調査能力も高くなっています。こんなに高度に発達した世界でも、なぜバブルは発生し、崩壊するのでしょうか。それを調べていくと、経済問題の本質がわかるような気がします。最近では金融商品を扱う投資のプロも大きな損失を出しています。チューリップバブルのころと違いがあるのだろうかと思ってしまいます。なにも進歩していません。市場の状態や、どんな人たちが買っているのか、外国人投資家が買っているとか、証券会社が買っているとか、詳しい情報はいくらでも収集できるはずなのに、です。

１９８７年に株価が大幅に下落したブラックマンデーの日、私はある証券会社の投信子会社にいました。偶然、仕事で行っていたのですが、歴史的な瞬間をそこの会社の人たちと経験することができました。あまりうれしくはない歴史的な瞬間でした。株価の下落が止まりません。

当時の売買システムで、何％下落したら売るという自動売買が多く使われていたのもその原因といわれました。その後、そのシステムは是正されたようです。

統計の正規分布を使うと、ブラックマンデーのようなことが起こる確率を計算できます。その結果は、１３７億年前にこの宇宙が始まってから今までの歴史を、さらに２００億回繰り返しても、このような暴落は起きないということになります。でも、そんなことはありませんでした。皆さんもご存じの通りです。

はたして、資本主義社会では、バブルからは逃れられないのでしょうか？

それは、いま抱えている経済問題を解決することができるかどうかにも関わるでしょう。

これまでも社会的な構造が大きく変わるたびに、これからはバブルとその崩壊は起きないといわれてきました。社会が大きく変化するといわれる原因はいろいろあります。産業が発達したとか、交易によって世界経済の結びつきが深くなったとか、インターネットで大量の情報が簡単に手に入れられるようになったとかです。このような理由で、バブルとその崩壊は起きないと何度もいわれました。そのたびに、それは間違いだったと思い知らされるのが人類の歴史と言ってよいでしょう。歴史を冷静に観察すると、どんなに金融技術や情報技術が発達しても、バブルは避けられないようです。市場経済の中で生きている以上、バブルはなくならないと覚悟したほうがよさそうです。小規模なバブルを含めれば、世界中いたるところでいつでもバブルは発生しています。そういう意味では、この世界はバブルに満ちあふれていて、もはやそれは日常的風景とも言えるでしょう。

今までの歴史を見ると、バブルの原因は2種類のグループに分けられるようです。1つは、新興産業ができたことによるバブルのような、いつの時代もほとんど変わらない共通した特徴です。もう1つは、株式市場が開かれて投資がしやすくなるといった、バブルが起きたときの社会構造の変化のような、新しい要素によるものです。しかし、新しい要素といっても、実際はもっと以前からあったものが、バブルが起こったときに目立ち始めただけのことが多いようです。そう考えると、ほとんど同じ原因でバブルが起きていると言えそうです。前節で書いたように、そのもともとの原因を詳しく調べると、バブル発生・崩壊のパターンを学習することもできると言えそうです。台風ができそうと観測できるのと同じようにです。しかし、台風の場合も、予測が外れて台風になってしまいました、なんていうこともあります。バブルの検証も、結局は後付けにすぎませんから、たとえ予測が可能であっても、実際に投資するに当たって難を逃れられるかどうかは別の話でしょう。

しかし、じつは経済学全般にも同じことが言えるような気がします。経済学では、すでに起こった経済事象を調べて研究成果を出すわけです。仮に経済現象の原因を探り、構造を理解することができたとします。ここからが大切です。しかし、その研究でわかったことは、その事件が起こった前提条件の中でしか通用しないでしょう。これは当たり前のことなのですが、忘れる人が多いようです。数学の定理は、仮定があって、その仮定が成り立つときに結論が成立すると書いてあります。この仮定が成立するときだけ、この定理は意味がありますという書き方です。この仮定が抜けているのに、いつでも同じことが起こると主張するのは危険というか、意味がありません。

起こった現象から学ぶ社会科学では、どの学問もこの点は同じですが、起きた現象の調査を使った成果であるという宿命から逃げるわけにはいきません。どんな結論も特定の前提条件があって成立していることです。たとえば、「悪貨は良貨を駆逐する」という言葉があります。この文章では悪貨が仮定のように見えますが、違います。この文章自体が結論です。ですから、この文章を使うときには、いつ、どんな状況の下なら「悪貨は良貨を駆逐する」のかを考えないといけません。この文章は本当のことを言っていると思われるかもしれませんが、それでもどんな仮定の下で正しいのかを考える必要があります。信用のない悪貨をいつでも生活している人が使うとは限りません。

万能な法則などないでしょう。経済問題でも、それを解決する、もしくは適用できるような、さも万能の法則があるかのようなことが言われることがあります。こういう法則が吹聴されだしたら、まず疑ってかかるべきでしょう。しかし最近は、中学校で教わる一次方程式を解いてただ1つの答が出るのと同じように、万能の法則が存在するかのように話す人がいるようです。それは一種の社会現象のようです。

時価総額が良い、

ROE重視だ、

民間活力導入のため民営化が良い、

自由貿易が万能だ、

グローバル化は正しい、

金融ビッグバンしなければならない、

構造改革なくして成長なし、

経済が好調ならインフレになる

など、上げ始めたらきりがありません。

円安がよいというのも一般性がないです。たとえば円安なら輸出産業は潤います。しかし、売上げの個数が増えないで、円安の差額だけで儲けるのもノートの上だけの儲けです。1円の円安で輸出産業に400億円の利益が出るといわれています。その反面、輸入食品と原材料は上がります。上がっているのに消費者の使うお金は減っていることも起こります。この場合、ノートの差額は給与には回っていないようです。本来、円の値段が減少しようが増加しようが、上がるものがあり、下がるものがあり、収支はあまり変わらないということを言う人がいます。その人が正しいとしたら、円安で消費者の生活が苦しいというのは、利益の分配に問題があるのでしょう。

さらに、「デフレは悪でインフレは善」は信仰のように言われています。日本の財政が不健全であることは、長い間言われていることです。経済専門家の多くが、デフレ傾向を打開してインフレに向かわせなければならないと言っていました。しかし、インフレで本当に幸せな生活ができるのでしょうか。

ＩＭＦや日本の内閣府では、２年以上の物価下落をデフレと言っているようです。ＯＥＣＤの定義によればデフレは「一般物価水準の継続的下落」のことです。物の値段が毎年下がっているということです。これは、経済学者でも定義が違う人が多くて困ります。物価下落と不況が一緒に来るようなときがデフレーションです、と言う人もいます。いずれにしても、一時的に物価が下がったり、原油の価格が下がるときに原油デフレなどと言ったりするのは、あまり正しい使い方ではないでしょう。

それでは、デフレは本当に悪いことなのでしょうか。デフレで物価が下がっても、給与の減る速度が遅ければ、今までより安い物をたくさん買うことができます。このレベルのデフレなら誰も損はしません。むしろ消費は拡大して、その結果、経済も拡大するということになります。デフレにも、「良性のデフレ」と「悪性のデフレ」があるのを考えるのは自然です。インフレのときには物価が上がります。そのとき、給与の増えかたが遅ければ、生活は苦しくなります。

デフレを怖がるのは、経済が縮小するのを怖がっているからでしょう。物の値段は基本的には需要と供給で決まります。値段が下がるということは、需要が少ないということになり、経済が縮小しているという理解です。しかし、技術革新で物の値段が下がることもあります。日本は少子高齢社会ですから、経済が縮小していくのは当たり前で、いつまでも成長が続くと信じるのは根拠がないと思います。

さらに、経済が拡大して好景気のときはインフレだから、インフレにしなければならないという理論には、根本的な間違いがあります。好景気ならインフレでも、インフレなら好景気とは限らないでしょう。景気が良くて、給与が上がって、消費が増えるなら物の値段が上がっていきます。良いインフレになります。ただ、インフレで給与も上がらないなら、生活は苦しくなるだけです。

インフレなら好景気などということは、正しくありません。それに、デフレを解消してインフレにしようとする政策には、どんなものがあるでしょうか。

たとえば、次のような政策が考えられます。

・日銀がお札を刷ってお金の量を増やす
・政策金利や公定歩合を引き下げる
・金融機関に対して政府保証や資本注入をする
・需要と供給の改善のために財政出動する
・家計の所得を確保するための財政をする

しかし、これらは、ほとんどが過去にバブルのきっかけになった政策です。

さらに、先ほどから経済成長が順調で好景気ならインフレと書いてきましたが、これも本当かしら、と思わないといけません。エコノミストの中原圭介氏が紹介している研究に次のようなものがあります。

アメリカのミネアポリス連邦準備銀行の二人のエコノミスト、アンドリュー・アトキンソンとパトリック・J・キホーによる調査結果の論文で、2004年1月に発表されました。過去100年間以上の世界各国のデータを使って、デフレの時期、インフレの時期、好況の時期、不況の時期の4つの時期の関連性を調べた論文です。それによると、インフレのときには全体の96%で経済はプラス成長になっていましたが、デフレのときにも89%で経済はプラス成長していたのです。デフレのときでも立派に経済成長できるのです。さらに、不況の時期にインフレであったのが72%、デフレであったのが28%でした。物価が上がっているか下がっているかと好不況との関連性は明確にはありません。

「好景気ならインフレ」の常識は十分に疑わないといけないということです。思い込みは恐いです。さらに、何の根拠もないのに減少を恐れるのも恐いです。経済は「現在」を知るのが最も難しい現象です。いまのところ、経済の不具合を直すには対処療法しかありません。

経済は人の生活に関わることです、幸せは何かということも考えないといけません。「幸せは何か」という、さらに難しい問題はこの本の範囲を超えます。しかし、GDPが上がっても、幸せと思う人の数は増えないという結果が出ています。給与が上がるだけでは幸せにはなれないようです。さらに、毎日残業でGDPを増やしても、給与は上がらない傾向が続いています。

そろそろ無理な経済成長を止めて、人が幸せになるとはどういうことかを真剣に考え直す時期に来ています。いや、遅すぎるかもしれませんが。少なくとも、インフレにして給与を上げれば経済がうまくいく、などという単純なことではありません。

あとがき

何かがおかしいと思いませんか。

「こんなはずではなかったのに」。こんな気持ちになることが増えました。

頑張っても給料は増えていない。

突然雨が降り出して、下水があふれる。

利益を上げていると思っていた会社の調子が突然悪くなる。赤字だと言い始める。

町を歩いていた若い子がいなくなる。

ひとつひとつ上げたらきりがないのですが、なにかおかしい。空気がおかしいと感じるのは、

この式を実現するには
努力が必要なんだね
GDP増加＝給与増加

自分が育ってきたときとまったく違ったことが起きているということでしょう。それだけなら、別に問題はないと思います。世の中は変わりますから、数十年前と違うことが起こるのは当たり前です。

一生懸命勉強していい学校へ進み、一生懸命働いていると給料が上がって、頑張っただけのことはあると考えられたのは昔の話になったのでしょうか。仕事の長さだけが増えて、収入がそれに見合っていない。そんな気持ちになることが多いのではないでしょうか。

大人たちが努力しても報われないと感じている社会で、子供たちにばかり夢と希望を持てと願うのは無理があります。

今の生活にはコストが掛かりすぎているので、必死で働いた分が毎日の便利さとの引き替えに消えているのかもしれません。スマホやインターネットにもお金がかかっています。いや、給料は会社からもらうものなので、家での生活コストには関係ない。そう思うのは間違いです。この間違いが広がっています。誰でも一人では生きられないのです。ほかの誰かが作ってくれたものをお金で買っています。電気、ガス、安全、なんでもお金が掛かります。すべてが絡み合っている社会です。電気を作るのに火力発電所を使えば、炭酸ガスが排出されて地球温暖化の原因になります。４００万年生き延びてきたといわれる人類は、地球が１３７億年かけて蓄えてきた化石燃料を、20世紀だけで60％も使ってしまいました。

なんだかわからないけれど、今までは大丈夫でしょうと高をくくってきたことが、いっぺんに大丈夫ではなくなってきたような気がします。

余計な便利さを少しくらい捨ててもそれほど困りません。でも、どこからが余計な便利さなのかがもうわからなくなっています。忙しいのだから便利さをお金で買って、少しでも早く用事を終わらせたい。それでしたら、忙しい原因をなくすことはできないでしょうか。日本人は働き過ぎといわれていますが、働いて未来が良くなるという実感は持てません。

でも、実は社会がこんなふうに混乱したことはいままでにもたくさんあったのです。私たちはそれを知らないわけではないのですが、そこからなにも学んでいないのです。そうして何度も同じ間違いを起こしてしまいます。

経済活動の失敗を経験した人たちは、それを二度と起こさないように、会計などの仕組みを作ってきました。規制も作りました。法律も作りました。しかし、今またそれを崩し始めているような気がします。また失敗を繰り返したいと思っているのでしょうか。

経済の世界は、1つの式や、1つのモデルを作っただけで解決できるような簡単な現象が起こるわけではありません。でも、財政の借金や会社の赤字を少しでも減らそうと努力することは可能でしょう。簡単なモデルを作ってみます。

国の借金を減らす数式

$N=N(t)$円を借金だとしましょう。借金の増え方は $\frac{dN}{dt}$ で表せます。見たことがある方もいらっしゃると思います。微分の記号です。でも、微分の知識はいりません。$N=N(t)$の増え方、減り方と思えばいいだけです。$\frac{dN}{dt}$ が正ならば借金は増加しています。負ならば借金は減っています。今ある借金はN_0 円としましょう。t は時間を表します。放っておくとAの比率で借金が増えるとします。そのときの借金の増え方はAN です。B は借金を減らすための努力です。皆さんが頑張ればB を大きくすることが可能です。そのときの借金の減り方はBN です。このとき、借金の変化 $\frac{dN}{dt}$ は次の式で表せます。

$$\frac{dN}{dt}=AN-BN=(A-B)N$$

皆が頑張って借金を減らせば、$AN-BN=(A-B)N$ がマイナスになって、借金がどんどん減ります。ちょっと難しくなりますが、この方程式には、答があります。

$$N(t)=N_0e^{(A-B)t}$$

$e^{(A-B)t}$ のeは 2.7…という数です。$(A-B)t$ の$A-B$ が負の数ならどんどん数が減っていきます。たとえば、$A-B$ が-2ならば、2.7 の-2 乗をするのと同じです。2.7 の-2 乗は1/7.29 です。借金が 1/7.29 になります。どんどん借金が減っていきます。

$N(t)=N_0e^{(A-B)t}$ も同じように、$A-B$ が負の数ならばどんどん今ある借金N_0 が減っていきます。皆が頑張って借金を減らす比率B を大きくしていけばいいのです。

そんなに簡単にうまくいかないのは当たり前のことです。しかし、やらなければ減りません。

数式でわかるのはここまでです。あとは、この数式が実現するように努力することです。数学の数式はそれだけで正しいですが、経済現象の式は正しくするための人間の努力が必要です。経済は私の専門分野ではありませんから、解決の方法は提示できません。それは皆で考えないといけないことです。どんな社会を作ればよいのか、どこまでが合っていて、どこで間違えたのか。そんなことを考えるのに、この本が少しでも役に立てば幸いです。

歴史と数学を使って、通貨危機、バブル、会計文化などを考えてみたのがこの本です。この本を書く上で、工学院大学非常勤講師で歴史の専門家、塚本剛さんに多大なご協力をいただきました。また、弘文堂の外山千尋さんには大変お世話になりました。デザイナーの高嶋良枝さんには可愛いイラストを描いていただきました。みなさんがいなければこの本は存在しません。深く感謝申し上げます。

2016年2月

柳谷　晃

著 者● 柳谷 晃 やなぎや あきら

早稲田大学高等学院数学科教諭、早稲田大学理工学術院兼任講師、早稲田大学複雑系高等学術研究所研究員
1953年、東京都生まれ。早稲田大学理工学部数学科卒業、同大学院理工学研究科博士課程修了。専門は微分方程式とその応用。歴史や文化についての幅広い知識をもとに数学の有用性を説き、数学の魅力を伝えている。
著 書
『時そばの客は理系だった』(幻冬舎新書)、『冥途の旅はなぜ四十九日なのか』(青春新書)、『その「数式」が信長を殺した』(ベスト新書)、『世の中の罠を見抜く数学』(セブン＆アイ出版)、『天才数学者たちの超・発想法 (大和書房)、『カラー版 忘れてしまった高校の数学を復習する本』(中経出版)、『ぼくらは「数学」のおかげで生きている』(実務教育出版)他多数

日本を救う数式

2016(平成28)年3月15日 初版1刷発行

著 者 柳谷 晃
発行者 鯉渕 友南
発行所 株式会社 弘文堂 101-0062 東京都千代田区神田駿河台1の7
TEL 03(3294)4801 振替 00120-6-53909
http://www.koubundou.co.jp

デザイン・イラスト 高嶋良枝
印 刷 三報社印刷
製 本 井上製本所

ISBN978-4-335-55177-2